A HISTÓRIA DE CASSIE

(RESGATANDO 'O FURÃO LOUCO')

BRIAN L. PORTER

Tradução por
MÁRCIA LOTUFO

AGRADECIMENTOS

Antes de eu começar com a história de Cassie sinto que é necessário dizer umas poucas palavras de agradecimento para as pessoas que tornaram este livro possível. Se não fosse pelo meu editor, Miika Hannila da Creativia Publishing, nenhum dos livros sobre os meus cachorros resgatados e obras de suspense estariam aqui para vocês, meus leitores, curtirem. Assim, este é um obrigada muito grande para Miika por todo o apoio ao meu trabalho ao longo dos anos. Também tenho uma grande dívida de gratidão para com a minha pesquisadora e revisora, Debbie Poole. Debbie despendeu muitas horas passando por cada capítulo do livro em seus esforços para ajudar a torná-lo o mais preciso e divertido possível. Sem a sua ajuda e trabalho árduo, os meus livros não estariam tão lapidados quanto eles estão quando chegam ao meu editor.

Tenho uma dívida muito especial de gratidão para com Rebecca Aldren, a Veterinária da Cassie, e a Diretora da filial Doncaster dos Vets for Pets. Ao longo dos anos, ela tem sempre prestado a Cassie e a todos os nossos cães, particularmente o nosso "super cão" epilético a Sasha, os melhores cuidados possíveis. Ela (e sua maravilhosa equipe de veterinários, enfermeiros e funcionários da recepção) sempre faz o possível para nos ajudar e aconselhar sobre as melhores linhas de conduta a serem tomadas quando qualquer um dos nossos cães tem precisado de tratamento veterinário. Obrigado a todos. Lamento que haja muitos de vocês para nomear cada um aqui, mas todos têm o amor e a gratidão meus e da Juliet por tudo o que fazem pelos nossos animais de estimação, que, como todos sabem, significam o mundo para nós.

A minha esposa Juliet também deve receber os meus agradecimentos. Ela não só é responsável pelo asseio diário e cuidados gerais dos cães, mas ela passa muitas horas todos os dias de sua vida caminhando milhas no processo de garantir que nossos cães estejam totalmente exercitados e tenham a oportunidade de correr e brincar. Os únicos cães que ela não leva para passear são a Sasha, que por alguma razão só passeia comigo e a Sheba, que agora é velha e artrítica, e se junta a mim e a Sasha em nossos passeios mais restritos. Tudo o que posso dizer é que não é de admirar que a Juliet esteja tão saudável e em tão boa forma. Ela é a prova viva de que andar é bom!

Finalmente, meus agradecimentos vão para todos os meus leitores, especialmente aqueles que leram as histórias de vida da Sasha e da Sheba e ajudaram a transformá-las em best sellers ao longo do caminho. Foi você, através de vários modos de contato, que me pediu repetidamente para contar a história de como a Cassie veio a ser parte da nossa família de resgatados. Esta é então, a história da Cassie, e é especialmente para vocês, queridos leitores, todos vocês.

CONTEÚDOS

1. No começo   1
2. Verão de 2007   4
3. Treinamento   9
4. Cindy   14
5. Outro novo amigo   19
6. O que é um furão louco?   26
7. Aí vêm os Staffies (meu pessoal)   32
8. Paz   64
9. Achados e perdidos   69
10. Correr, saltar... mancar   77
11. Patas, garras e coisas malcheirosas   86
12. Carrapatos, vermes e outros monstrinhos desagradáveis   93
13. Lá vamos nós outra vez   102
14. A operação da Cassie   109
15. O futuro?   119

Caro leitor   123
Sobre o Autor   125
Outros Livros do Autor   127

1

NO COMEÇO

É justo que eu comece a história da Cassie contando algo da vida dela antes de ela se tornar parte da nossa família de resgatados. Quando ela se juntou a nós ela já tivera três proprietários anteriores nos dois primeiros anos de sua vida.

Começou, tanto quanto sabemos, quando a nossa amiga Linda estava passeando com os seus cães numa noite escura e chuvosa e ela ouviu choros queixosos vindos da direção do jardim de uma casa por onde ela estava passando. Sendo naturalmente curiosa, Linda parou para tentar descobrir de onde os ruídos queixosos estavam se originando. Na verdade, ela escalou o muro para dentro do jardim e lá ela descobriu a fonte das queixas e do choro, um filhote pequeno, molhado, enlameado e arrepiado, sem nenhum lugar para onde pudesse ir para sair da chuva. Linda ficou furiosa que alguém tivesse deixado o filhotinho do lado de fora em condições climáticas tão terríveis e ela bateu na porta da casa por algum tempo até que a porta foi finalmente aberta.

Só Deus sabe o que o homem que atendeu a porta deve ter pensado quando ele foi subitamente confrontado por esta mulher estranha, vestindo casaco e capuz impermeável, com dois cães ao seu lado e seu filhote nos braços. Ela deve ter se assemelhado a um cruzamento entre Freddy Krueger e The Grim Reaper (O Exterminador Sinistro), especialmente quando ela se lançou em uma discussão sobre o tratamento que ele deu ao filhote (a Linda não mede as palavras quando se trata de defender animais, eu garanto). Da maneira que ela contou, ela perguntou-lhe o que ele estava pensando, deixando aquele pobre cãozinho na chuva. Ela lhe disse que ele não merecia ter um cão, ao que ele respondeu: "Eu nunca quis esta coisa em primeiro lugar."

A resposta instantânea de Linda foi: "Posso levá-lo para casa comigo, e encontrar-lhe um bom lar?"

"Leve-o se você quiser", ele respondeu, assim ela fez, após primeiro obter todos os detalhes que ela pudesse conseguir dele sobre o cão e conduzi-lo a assinar um bilhete dizendo que ele desistira do cão e o havia dado.

Ela descobriu que o nome do cão era Cassie, e que ela tinha cerca de doze semanas, e era uma cruza de Yorkshire Terrier/Australian Terrier. Com isso, ela levou a pequena Cassie embora para o que ela esperava que em breve fosse uma vida melhor. Os outros cães de Linda, o Jet e o Diesel, receberam o terrier minúsculo em sua casa e Cassie não levou muito tempo para secar e experimentar o calor da casa da Linda começando a fazê-la sentir-se mais como um filhote de doze semanas de idade deve sentir. No dia seguinte, ela chegou ao campo, onde o Grupo regular de passeadores de cães se reunia todas as tardes e Cassie foi apresentada a todos. Linda teria gostado muito de ficar com a Cassie, mas os termos do aluguel de sua casa só permitiam que ela ficasse com dois animais de estimação e ela já tinha dois cães e dois gatos, então já estava forçando as coisas um pouco. Então, ela fez com que soubessem que estava à procura de uma boa casa para a Cassie, e dentro de algumas semanas ela nos disse que a Cassie ia viver com um casal idoso que morava na rua dela. Ninguém no campo conhecia o casal, mas a Linda tinha a certeza que iam dar ao cãozinho um bom lar. O tempo, no entanto, provaria o contrário, como a minha história vai revelar, mas por agora, no que dizia respeito a todos, Cassie estava feliz e a caminho de um bom futuro com os seus novos donos.

2

VERÃO DE 2007

"O QUE É ISTO? ", eu perguntei, enquanto a Juliet saía do carro e caminhava pelo nosso jardim em direção à porta da frente, olhando ligeiramente furtiva, semi-grávida, com uma protuberância em seu casaco de cuidar dos cães que não conseguiu esconder a cabeça muito pequena espreitando por baixo de seu braço.

"É um cão", foi sua resposta encabulada, dada com um sorriso quase culpado.

Agora, eu posso ser muitas coisas, mas cego não é uma delas. Posso usar óculos, e a minha visão está longe de ser perfeita, mas mesmo eu não podia deixar de reconhecer a pequena criatura que ela estava aparentemente tentando contrabandear para dentro de casa, naquele dia de verão quente e ensolarado, em 2007.

"Estou vendo que é um cão, mas o que ele faz aqui?" Eu perguntei. Claro que, como a Juliet e eu passamos as nossas vidas resgatando cães e dando-lhes casas definitivas, eu devia ter percebido, ou talvez tivesse, e só queria implicar um pouco.

Ela realmente pensou que eu não repararia noutro cão correndo pela casa?

Antes de continuar, talvez deva explicar um pouco sobre as circunstâncias por trás do súbito aparecimento da Juliet naquele dia, com o cão enfiado debaixo do braço. Lá em 2007, Juliet estava muito bem, tendo iniciado recentemente o seu próprio negócio de cuidar de cães pelo celular. Ela tinha alguns clientes regulares e era sua esperança fervorosa de que ela conseguiria construir uma clientela substancial até ela ser capaz de realmente fazer as coisas darem certo como uma cuidadora de cães, tendo concluído um curso para ganhar sua qualificação. Nós não sabíamos, naquele tempo, que ela seria atingida mais tarde pela síndrome do túnel do carpo que destruiria o seu sonho. Naquele dia, ela partiu para uma cidade vizinha para cuidar de um pequeno terrier, um de seus clientes habituais na época. Este era o cão que pertencera à nossa amiga Linda, que foi fundamental para salvá-la das condições terríveis em que vivia. Apesar de Linda mais tarde ter dado o cão a um vizinho idoso, logo depois, a vizinha e seu marido anunciaram que estavam se mudando e que iriam viver em um bangalô com acomodação protegida em uma cidade próxima. Linda, então, deu adeus para a pequena Cassie, quando ela partiu para sua nova casa algumas semanas depois.

Foi cerca de um ano depois que Juliet recebeu a primeira chamada para ir cuidar da pequena Cassie e ela visitou regularmente o pequeno terrier em sua nova casa nos meses seguintes até aquele dia fatídico quando ela chegou em casa com o cão enfiado em seu casaco.

Então, tendo-lhe perguntado o que o cão estava fazendo aqui em nossa casa quando, claro, ela só tinha ido tratar dela, a Juliet respondeu à minha pergunta.

"A senhora não a queria e perguntou se eu queria levá-la." Ela sabe que nós acolhemos cães resgatados e me disse que já não podia mais andar com a Cassie de forma apropriada. Ela usa uma scooter para deficientes para se locomover e só pode levar a Cassie, presa à scooter, para viagens curtas e que não é o ideal. Onde eles vivem, é tudo plano aberto, então ela não pode nem deixá-la sair para correr no jardim dos fundos, porque é uma área comunitária e os vizinhos reclamariam. Além de tudo isso, "o marido dela odeia o cão."

"Como alguém pode odiar uma coisinha destas?" Perguntei, suavizando a ideia de adicionar a Cassie à nossa família.

"Sinceramente, Brian, você devia tê-lo visto. Ele é um preguiçoso, sentou em uma cadeira, assistindo TV durante o dia e nunca sequer olhou para cima para me reconhecer quando eu fui para tratar o cão, e quando sua esposa lhe disse que a Cassie estava indo comigo (ela deve ter planejado isso com antecedência), e pediu-lhe para dizer adeus para o cachorrinho, ele não se virou ou olhou para ela, e disse "Adeus cão". Ele não se importava com a Cassie ou que sua mulher estivesse preocupada por a ter deixado ir. Ela, pelo menos, queria o melhor para a Cassie e sabia que aquele não era o lugar certo para ela, estar com eles. Quando eu saí do bangalô, ela veio até o carro comigo e com a Cassie e sussurrou-me que o marido dela detestava o cão, dizendo que não era o tipo de cão com que um homem quereria ser visto, o idiota pomposo."

Eu pessoalmente detesto pessoas com atitudes como o homem que ela descreveu e isso realmente influenciou minha opinião de aceitar que a Cassie ia viver conosco.

"É melhor tirá-la do seu casaco e vamos dar uma boa olhada nela", disse eu, enquanto a Juliet lentamente tirou a Cassie do casaco. Lembrei-me vagamente da Cassie de quando a Linda a possuía, mas agora, de perto, percebi o quão pequena ela era. Mal tinha 30 centímetros de comprimento, era uma terrier grisalha, com uma cauda comprida que se curvava para cima e com 'meias' brancas na parte inferior das patas. Porque Juliet acabara de lhe dar uma boa tosa de verão, ela parecia ter 'listras de tigre' em sua pelagem, com listras douradas bonitas sob sua pelagem cinza. Na verdade, ela era um cão muito pequeno e mais tarde descobrimos através da Linda que ela era um cruza incomum, entre um Yorkshire Terrier e um Terrier Australiano. Juliet explicou ainda que Cassie tinha dois anos e meio de idade, embora devido ao seu tamanho e energia excessiva, qualquer um poderia ser perdoado por pensar que ela era um filhote de alguns meses.

"Vamos levá-la para dentro de casa, e ver o que os outros acham dela", eu disse enquanto atravessávamos o portão e levávamos a Cassie para o jardim onde a maioria dos nossos outros cães estavam tomando sol. Não sei se foi por ela ser tão pequena, não sei, mas os outros cães mal repararam nela, no início. Lá em 2007, a composição da nossa matilha resgatada era muito diferente de hoje. Não havia a Sasha, o Digby, o Muffin ou a Petal, nem a Sheba, o Dexter ou o Muttley. O nosso "líder da matilha" era a Tilly, uma pequena e desajeitada Bedlington/Glen altamente inteligente de uma cruza de Imaal Terrier, que tomou rapidamente a Cassie sob a sua asa. Eram ambas de cor semelhante, mas a Tilly era mais alta e mais comprida e, na verdade, a melhor amiga da Cassie naquela época era a Sophie, a nossa adorável whippet/lurcher malhada. Os únicos cães que possuíamos naqueles dias que ainda estão conosco são o Dylan e a Penny. Dylan está conosco há mais tempo do que qualquer um dos outros cães, tendo estado conosco por treze anos. Quanta diversão que a Cassie e a Sophie partilharam jogando com uma bola de tênis. O par até criou seu próprio jogo, com elas habilmente jogando a bola da boca de uma para a boca da outra e, em seguida, perseguindo uma, a outra ao redor do campo, finalmente deixando a bola aos meus pés para eu jogar para elas e começar o seu jogo de novo.

Então, nas próximas semanas, a Cassie integrou-se gradualmente na nossa matilha resgatada, e começamos a ver cada vez mais a sua personalidade. Apesar de ser tão pequena, Cassie era um pequeno poço de energia, com uma atitude para combinar. Ela não levou nenhum desaforo de nenhum dos outros cães, todos maiores do que ela era, e todos eles aprenderam a dar à Cassie o respeito que ela merecia. Ela dormia numa cama na cozinha com a maioria da matilha, e ai daquele cão que tentasse perturbar o seu sono de beleza! Eles teriam todo o "tratamento Cassie" do seu latido pequeno e estridente como se dissesse, *"Vai embora e pare de perturbar a minha felicidade."*

À medida que as semanas se transformaram em meses, não tivemos dúvidas de que a Cassie tinha se integrado totalmente na nossa família de cães resgatados, e a vida era boa para todos os envolvidos.

Sophie e Cassie

3

TREINAMENTO

PARECE que faz muito tempo agora, mas quando a Cassie se juntou a nós, eu regularmente desaparecia de casa na tarde de sábado, com alguns dos nossos cães na parte de trás do carro, para ir para a nossa sessão de treinamento canino habitual, o que ocorria a alguns quilômetros de distância, sob os auspícios de um líder canino behaviorista, do norte da Inglaterra que eu conheci alguns anos antes e que nos ajudou tremendamente na classificação do que nós consideramos ser mau comportamento exibido por Tilly. Ficamos surpresos ao descobrir, graças ao Brian, (sim, compartilhamos o mesmo primeiro nome), que Tilly não era de modo algum um cão ruim. Ela era tão inteligente, que o que nós tomamos por mau comportamento era simplesmente a sua maneira de demonstrar tédio! O Brian rapidamente identificou que a Tilly precisava de desafios em um nível intelectual e, em pouco tempo, com o benefício de algumas sessões nestas aulas de treinamento canino, ela se tornou a estrela das suas aulas. Ela adorava participar das aulas de agilidade, e em pouco tempo ela era o cão mais rápido da classe, e, surpreendentemente, ela se tornou o único cão que poderia fazer o percurso sem um treinador, (eu) ao seu lado. Ao longo do tempo, a Tilly passou a bater vários recordes que, tanto quanto sei, nunca foram vencidos. A Flyball veio a seguir, mas não era realmente seu forte, como ela adorava tanto bolas de tênis, ela estava relutante em desistir delas, no final da corrida. A maior conquista da Tilly realmente veio quando o Brian decidiu que ela tinha a habilidade e inteligência de aprender a ser um cão de busca e resgate. Ela gradualmente aprendeu a rastrear um cheiro, primeiro de tudo conseguindo localizar um objeto escondido no nível do solo, e, em seguida, passando para itens escondidos fora do chão em árvores, etc. O auge de seu treinamento de busca veio quando ela conseguiu reconhecer e localizar itens que carregavam o cheiro de "DNA" humano. Ela era uma cadela inteligente!

Então, quando o dia de treino chegava, as nossas duas garotas se juntavam a mim, e nós levávamos regularmente a Tilly, o Charlie, o Cairn terrier, a Molly a Westie, e a Cassie para as aulas de treinamento. Agora, enquanto a Tilly mostrava suas habilidades muito incríveis, os outros nunca atingiram essas alturas, mas toda a ideia do treinamento era para os cães se divertirem enquanto eles aprendiam, e nós darmos algumas boas gargalhadas enquanto os outros faziam o seu melhor na agilidade ou busca e resgate e assim por diante. O Charlie, a Molly e a Cassie tiveram que ser conduzidos pelos obstáculos de agilidade enquanto realizavam o percurso. Nós tentamos deixar a Cassie fazer o trajeto, sozinha uma só vez, mas, em seguida, isto tomou de mim e das meninas e de alguns outros proprietários de cerca de cinco minutos para pegá-la porque ela correu ao redor do campo de treinamento em alta velocidade, tendo o melhor momento de sua vida, correndo e provocando os outros cães da classe, que estavam pacientemente ao lado de seus donos, educadamente esperando sua vez.

Todo mundo riu das palhaçadas da Cassie quando ela

aumentou a velocidade dando voltas e voltas no campo como uma miniatura giratória de um dervixe (monges muçulmanos, conhecidos por uma dança frenética, extática e giratória), ou, como alguém disse, um tsunami de cão! Foi a última vez que lhe foi permitido entrar no percurso de agilidade sem ser conduzida.

Ocasionalmente, nós variávamos os cães que acompanhariam a Tilly no treino nas tardes de sábado, e assim que ela se juntava à matilha, a melhor amiga da Cassie, Sophie, aparecia muitas vezes para fazer companhia à amiga. Elas pareciam tão incongruentes juntas, a lurcher (designação genérica dada a todo cão de caça sem raça definida) esguia, alta de pernas longas, e a pequena cruza de terrier.

Claro, todas as coisas boas chegam ao fim, e à medida que as nossas duas meninas, Rebecca e Victoria cresceram, elas eventualmente perderam o interesse em acompanhar-me e aos cães para as sessões de treinamento, e gradualmente a nossa presença nos sábados diminuiu até que se tornou impossível continuar. Não havia maneira de eu continuar a levar três ou quatro cães por conta própria, por isso, com pesar, as sessões de treino dos cães chegaram ao fim. Vale a pena mencionar que por essa altura a palavra "treino" não era apropriada, pois, os nossos cães estavam totalmente treinados e nós estávamos realmente apenas acompanhando para nos divertirmos. Eu sei que a Tilly sentiu mais falta do que a maioria, visto que ela parecia saber sempre que sábado chegava e estava pronta e esperando, ficando animada, à medida que a hora do almoço chegava.

Ainda assim, não havia maneira da Cassie ser menos ativa. Todos os que a conheciam ficavam espantados com a velocidade com que esta menina podia correr e com a forma como ela continuava a andar a toda a velocidade do início ao fim das suas caminhadas. Quando solta no campo de jogos, ela literalmente começaria a correr a uma velocidade vertiginosa, e iria mantê-la até que fosse hora de ir para casa. Ela corria por puro prazer, as suas orelhas para cima, a sua cauda erguida acima das costas e a sua língua para fora como se estivesse totalmente sem fôlego, o que, claro, ela nunca parecia estar. Cassie estava rapidamente provando para si mesma ser uma pequena com um caráter e tanto, não mais do que no dia em que a Juliet a levou para sair e elas deram de cara com a Linda, sua primeira proprietária, que estava naturalmente encantada de ver a pequena Cassie novamente. Cassie, no entanto, fez o seu melhor para ignorar Linda, algo que ela faz muito bem quando ela está focada em ir correr, e a Juliet e a Linda acabaram dando uma boa risada do comportamento "ignorante" da Cassie. Por mais que a Linda tentasse, não havia maneira da Cassie ficar quieta e deixar-se tocar.

A Cassie achou difícil permitir que as pessoas se aproximassem muito dela, ou deixá-los acariciá-la ou tocá-la. Talvez isto tivesse algo a ver com a forma como ela foi tratada pelo seu dono original, ou talvez houvessem fatos que desconhecíamos sobre a forma como ela tinha sido tratada e ignorada pelo homem com quem viveu antes de vir para nós. Mas houve uma pessoa, no entanto, que encontrou uma forma de aproximar a Cassie dela, e vamos fechar este capítulo agora e seguir para o dia em que a Cassie conheceu a sua nova melhor amiga.

Treinamento de cães 2007

4

CINDY

TIVEMOS uma boa rotina nos primeiros anos do tempo da Cassie conosco. Isso significava que a maior parte do tempo, ela iria passar nos seus passeios (devo chamá-los de corridas?), indo para o menor dos dois campos de jogos da cidade comigo, a Tilly, a Molly e a Sophie. Foi naquele campo que um dia nós conhecemos a senhora e o cãozinho que se tornaria o melhor amigo da Cassie, fora da nossa própria matilha.

Enquanto caminhava e brincava com os meus cães no campo, via muitas vezes uma senhora ao longe, caminhando com um pequeno Yorkshire Terrier. Notei que o cãozinho estava sempre na liderança e a senhora sempre se esforçava para evitar qualquer um que estivesse com outros cães. Uma manhã, eu estava brincando com os cães, como de costume, quando a Cassie de repente se virou e correu pelo campo, diretamente em direção à senhora com o Yorkie.

Oops, pensei, e chamei os meus outros cães para mim e parti na direção que a Cassie tomou. Ao nos aproximarmos, vi que a senhora estava parada com o seu cãozinho aos pés e a Cassie estava saltando para cima e para baixo na frente dela.

"Não se preocupe", gritei quando estávamos em alcance de conversa. "Ela não vai machucar o seu cão."

A senhora não parecia muito convencida no início, mas, à medida que nos aproximamos mais e a Tilly, a Molly e a Sophie não se moveram na direção do seu cão, ela acalmou-se um pouco.

"Sou o Brian", apresentei-me, e esta é a Tilly, a Molly e a Sophie. O pacotinho de alegria à sua frente é a Cassie."

"Esta é a Cindy", respondeu ela. "Sou a Maureen."

"Olá, Maureen, prazer em conhecê-la. Já lhe vi muitas vezes aqui, mas supus que a sua Cindy era um pouco nervosa."

"Ela foi atacada uma vez quando era uma filhotinha e sempre teve medo de outros cães desde então."

"Ela não parece ter muito medo da Cassie", eu disse, observando enquanto a Cindy lentamente começou a abanar a cauda enquanto a Cassie se aproximava dela.

Em pouco tempo, a Cassie estava pulando para cima e para baixo na frente da Cindy e a Cindy estava furiosamente sacudindo sua cauda em uma demonstração de amizade. Rapidamente chamei a Cassie de volta para mim e prendi a guia na coleira. Passamos cerca de vinte minutos caminhando no perímetro do campo, com a Maureen e a Cindy e, lentamente, a pequena Yorkie pareceu olhar e agir com mais confiança com todos os meus cães, que eram tão bem comportados e, após dizer um rápido 'olá' de cachorro para a sua, cada um deles continuou andando tranquilamente ao meu lado. A Maureen ficou impressionada com o quanto meus cães eram treinados e perguntou se ela poderia caminhar com a Cindy e conosco novamente no dia seguinte.

O dia seguinte tornou-se todos os dias e depois chegou o grande dia em que a Maureen, em resposta ao meu pedido regular, finalmente concordou em deixar a Cindy fora da guia. Tinha a certeza que os meus cães ficariam bem com ela e tranquilizei-a sobre o fato enquanto ela soltava provisoriamente a Cindy, pela primeira vez em anos. De certa forma, aqueles primeiros segundos de ver a Cindy fora da guia foram bastante engraçados, já que, em vez de fugir, ou mesmo andar por aí, ela ficou simplesmente parada, não fazendo movimento algum, como se ela não percebesse ou entendesse estar livre para se mover como ela quisesse.

Previsivelmente, foi a Cassie que finalmente pôs a Cindy para se mexer. Ela começou a se balançar na frente da Cindy, brincando de se agachar, e então virando e correndo a uma curta distância dela, onde ela estava, dando seu pequeno latido agudo como a dizer, *"Vamos lá então. O que você está esperando?"* De repente, a Cindy parecia perceber, e lentamente, ela trotou para onde a Cassie estava, esperando por ela. Assim que ela se aproximava, Cassie se virava e corria para mais longe, gradualmente encorajando a Cindy a segui-la e afastar-se mais de sua "mãe" Maureen. Todo o tempo que isto acontecia, os meus outros cães divertiam-se alegremente, correndo pelo campo, e trazendo as suas bolas de tênis para que eu as atirasse para eles perseguirem e recuperarem enquanto a Cassie se divertia com a sua nova amiga.

Depois de alguns minutos de tentativa de treino, parecia que a Cindy de repente encontrou sua confiança. Desta vez, quando a Cassie fez a sua brincadeira de agachar e sair correndo, para nosso prazer, a Cindy correu atrás dela. A Cassie pareceu igualmente surpresa. A seguir, as duas estavam correndo uma atrás da outra por todo o lado. Foi uma alegria de ver como os anos de não ter permissão para correr livre pareciam ter derretido enquanto a Cindy mergulhava na alegria de brincar de "pegar" com a sua amiga recém-encontrada. Quando a Cassie correu para mim e começou a saltar para cima e para baixo como um boneco saltando da caixa de surpresas, (sua maneira de pedir sua bola) eu devidamente atendi e peguei sua bola do meu bolso e joguei-a para ela. Ela foi atrás da bola e a Cindy foi com ela. As duas, sendo aproximadamente do mesmo tamanho, fizeram uma grande dupla de companheiras de brincadeira e entre elas pareciam inventar sua própria maneira de brincar com a bola, passando-a entre elas no chão, empurrando-a com seus narizes. Então, o jogo que a Maureen e eu íamos chamar de "tênis de nariz" nasceu, inventado por duas pequenas terriers que encontraram a sua própria maneira de se divertirem com uma bola de tênis.

Daquele dia em diante, a Cindy tornar-se-ia uma grande amiga de todos os cães da nossa matilha, e a Tilly e a Sophie, em particular, agiam de uma forma muito protetora em relação a ela, tão adorável de ver. Maureen foi inflexível mesmo assim, ela só deixaria a Cindy fora da guia quando ela estivesse comigo e com os meus cães. Isto fazia sentido, considerando o que aconteceu à Cindy no passado e enquanto eu estivesse lá com os meus cães, ela estava rodeada de proteção e podia ser confiante e brincalhona. A Maureen também, gradualmente, aprendeu a amar os meus cães que foram fundamentais para dar uma nova vida a sua amada Yorkie, e como nos encontrávamos duas vezes por dia, de manhã e à tarde no campo de jogos com os nossos cães, a Cindy nunca teve falta de companheiros de brincadeiras e diversão canina.

A amizade da Cassie e da Cindy duraria muitos anos. Foi apenas uma mudança nas minhas condições de saúde e o fato de que, à medida que as nossas meninas cresceram e descobriram que sair com os cães era menos atraente do que sair com os seus amigos, se tornou impraticável para mim, levar quatro cães por vez ao campo de jogos e o nosso tempo com a Cindy gradualmente se dissipou, para nosso desapontamento. Porém, este era o futuro e no momento em que estamos falando, isto era tudo novo e excitante para a Cindy e para mim e os meus cães também.

Cada passeio com os cães era uma alegria e um prazer e eu nunca deixei de ir para casa com um sorriso no rosto, e todos os meus cães tinham caudas energeticamente balançando em seu caminho para casa. A chegada da Cassie não só tinha sido boa para ela, como trouxe uma nova vida a outro cãozinho. A Cindy se tornaria muito em breve um membro honorário da nossa matilha. Afinal, ela passou a maior parte do tempo dela conosco!

Cassie e Cindy, 2012

5

OUTRO NOVO AMIGO

MUITAS COISAS novas pareceram corresponder à chegada da Cassie, nada mais do que a chegada de outro novo membro da nossa pequena matilha de resgatados. Um dia, enquanto eu estava visitando os veterinários para que um de nossos cães tomasse a vacina de reforço anual, Lisa, uma das recepcionistas dos veterinários, sabendo do meu histórico de resgate de cães em dificuldades, 'aconteceu' de me perguntar se eu sabia de alguém que poderia estar disposto a acolher um pequeno terrier, e dar-lhe um novo lar. Não sabia até aquele dia que a Lisa era uma criadora de cães. Ela criava e vendia filhotes de Dogue de Bordeaux. Ela explicou-me que como era conhecida como a "Senhora dos cães" entre as crianças locais na cidade onde vivia, estava quase destinado que, quando alguma daquelas crianças encontrasse um filhote, eles o levassem para ela.

Devido a restrições de espaço, ela explicou que levou o cachorrinho, mas não tinha espaço para dar-lhe um lar permanente. Ela já tinha três cães em casa, além de seus animais reprodutores. Ela cuidou do pequeno terrier por alguns meses, mas tinha sido incapaz até então, de encontrar um novo lar adequado para ele. Ela não era o tipo de pessoa para dar o cão a "qualquer um" e era meticulosa em tentar encontrar o lar certo para o seu convidado temporário de longo prazo. Suponho que ela sabia sermos justamente as pessoas para levar o filhote que, naquela altura tinha, ela supunha, cerca de dezoito meses. Usando o meu antigo e fiel telefone Nokia, liguei para a Juliet em casa e concordamos em pelo menos dar uma olhada no cão para ver se julgávamos que ele se encaixava na nossa matilha e na nossa casa. Tratei de tudo com a Lisa, que me deu seu endereço, e fiquei feliz em saber que ficava numa cidade a 8 km da nossa casa, por isso não era longe para viajar. Como ela ainda estava no trabalho, Lisa não podia me dar todos os detalhes sobre o cão, a quem ela chamou de Panqueca, como tinha sido Terça Feira Gorda, dia de panquecas, quando as crianças que a tinham encontrado haviam entregue o filhote para Lisa. Concordei em ir ver o cão naquela noite, depois de ela terminar o trabalho, quando ela podia nos dizer o que queríamos saber sobre o terrier "misterioso".

Estava um belo e quente entardecer de sol quando Juliet e eu chegamos a casa da Lisa. O que parecia, do lado de fora, ser uma casa geminada pequena e tradicional, transformou-se noutra coisa quando a Lisa nos convidou para entrar e nos levou pela casa até o jardim dos fundos. O jardim deu lugar a um campo grande, que Lisa explicou que ela possuía, assim como sua casa. Dois cavalos estavam pacificamente pastando no campo e para um lado estavam os canis especialmente construídos para Lisa. Ela passou alguns minutos nos mostrando o lugar e também nos apresentou aos seus cães, que incluíam um Bedlington Terrier, muito parecido com o nosso Dylan, mas muito maior. O cão dela não teve o terrível começo de vida que o Dylan sofreu e isso fez-nos perceber o quão pequeno o nosso Bedlington era como resultado de cuidados e alimentação inadequados nos seus primeiros meses de vida.

Finalmente, ela pediu-nos para esperar enquanto ela ia trazer a razão da nossa visita para nos encontrar. Ela desapareceu nos canis e alguns minutos depois ela reapareceu, com um pequeno terrier preto e branco correndo ao seu lado. O cão a quem ela chamava Panqueca era claramente uma personagem alegre e animada que passou por nós e pegou numa bola esvaziada que estava no chão e começou a correr com ela na boca, com a cauda abanando enquanto ela corria.

Nós a vimos brincar durante uns minutos e depois a Lisa chamou-a e ela veio e deixou-nos fazer um grande alvoroço com ela. A Juliet e eu passamos uns minutos nos revezando para brincar com o cãozinho que parecia uma cruza de Jack Russell com.... alguma outra coisa! Não sabíamos e não nos importávamos com os seus ancestrais. Tudo o que importava para nós era que ela parecia encaixar-se perfeitamente com o nosso bando feliz de cães resgatados.

A Lisa conseguiu contar-nos a história completa de como a Panqueca ficou com ela. Aparentemente, um grupo de ciganos acampou perto da estação ferroviária da cidade e esteve lá por algumas semanas quando uma manhã, a cidade acordou para descobrir que tinham ido. Eles tinham, no entanto, deixado algo para trás, um filhote para o qual eles obviamente não tinham lugar em seus corações ou em suas vidas. As crianças encontraram-na do outro lado da cerca que separava o campo onde eles acampavam, da linha férrea movimentada. Ela estava amarrada a um poste e não podia ir longe. A pobrezinha estava na linha ferroviária, onde podia facilmente ter sido atropelada por um trem e morta. Que maneira insensível de abandonar um filhotinho indesejado. Ignorando a sua própria segurança, o grupo de quatro crianças trabalhou duro para desamarrar a corda que estava segurando o filhotinho e, em seguida, aventurou-se na ferrovia para levar o filhote em segurança. As crianças, Lisa nos disse, não tinham mais do que onze ou doze anos e foi uma coisa muito corajosa embora imprudente que fizeram naquele dia ao salvar o filhotinho de uma morte quase certa. Eles então se perguntaram o que fazer com o filhotinho e um deles sugeriu levá-lo para a 'senhora dos cachorros' que vivia perto dali. Então, Lisa se viu com uma boca extra para alimentar até ela poder realojar o filhotinho, mas até agora não conseguiu encontrar uma casa adequada para o enjeitado.

O que podíamos fazer? Nenhum de nós estava preparado para rejeitar este cãozinho feliz. Ela precisava de um novo lar e a Lisa sabia que encontrara as pessoas certas para adotar a pequena Panqueca, embora a Juliet lhe tenha dito querermos dar-lhe um novo nome. De alguma forma, ela não conseguia ver-se no nosso campo de jogos local chamando "Panqueca" no máximo da sua voz ao recordar o cão. Tive de concordar e a Lisa não se importou. Tudo com que ela se preocupava era encontrar um bom lar para o cão. Alguns minutos depois, a cadela estava no nosso carro a caminho da sua casa nova. Ela parecia tão contente por ir conosco que literalmente tentou saltar para a parte de trás do nosso carro Mondeo Estate, embora as suas perninhas não fossem longas o suficiente para permitir que ela fizesse isto. A Juliet ajudou-a a levantar-se e ela imediatamente instalou-se na almofada para cães que mantínhamos lá. Enquanto dirigia as poucas milhas até nossa casa, Juliet e eu discutimos nomes alternativos que poderíamos chamá-la. Vários nomes foram sugeridos e descartados e então Juliet disse, "Vamos lá, temos que pensar em um bom nome para um cão que não nos custou um centavo."

"Aí está", respondi eu. "Você acertou em cheio. Vamos chamá-la Penny."

Então foi isso. Naquela conversa curta no carro, a Panqueca tornou-se a Penny. A Juliet continuou olhando para trás para ver se o nosso novo amigo cãozinho estava se comportando lá atrás. Como ela não a viu nenhuma vez durante a viagem, tivemos de supor que ela estava sendo uma boa cachorrinha, o que foi confirmado quando chegamos a casa e abrimos o porta-malas. A recém-nomeada Penny estava dormindo. Por falar em descontrair!

Nossos outros cães aceitaram a Penny desde o primeiro minuto em que a trouxemos para nossa casa. Ela estava tão descontraída com eles quanto estava no carro e a Penny sentiu-se em casa num instante. A maioria dos nossos cães parecia não notar a recém-chegada no meio deles, embora um pequeno cão tenha provado estar bastante curioso sobre a Penny. Quem mais poderia ter sido senão a Cassie, claro? Ela cheirou-a, sacudiu-lhe a cauda, tentou tocar-lhe no nariz, embora a Penny não parecesse muito segura sobre essa parte no início, mas muito em breve, os dois cães pequenos estavam agindo como os melhores amigos.

Posso dizer sinceramente que nunca conheci um cão que se instalasse numa nova casa tão depressa quanto a Penny. Ela comportou-se como se tivesse estado conosco toda a sua vida. Ela logo se juntou a minha pequena gangue no campo e até a Cindy foi rápida a fazer amizade com ela. Fizemos duas observações bastante divertidas sobre a Penny. Primeiro, as suas pernas. Quando ela se sentava, as pernas da frente tinham uma aparência ligeiramente "curvada" e se você sabe algo sobre móveis, você vai saber o que eu quero dizer quando eu digo que ela parecia ter pernas "Queen Anne". Segundo, devido às suas marcas, com um monte de pelo branco misturado com o preto em seu rosto, ela parecia um pouco mais velha do que ela realmente era. Não fomos os únicos a notar essa característica, porque sempre que a Juliet ou eu levávamos a Penny para passear com alguns dos outros cães, os nossos amigos e os conhecidos 'cachorreiros', em geral faziam comentários como:

"que bom. Você adotou um cão pequeno e mais velho." Ou algo como: "é bom ver-te acolher cães mais velhos também, agora. Que idade ela tem?"

As pessoas ficavam espantadas quando explicávamos que a Penny tinha apenas 18 meses. Agora que ela tem mais de treze anos, ela ainda se parece muito como era quando jovem, então talvez possamos dizer que ela envelheceu muito bem.

Mas, de volta aqueles primeiros dias, e a Penny geralmente me acompanhava de manhã, e costumava adorar brincar com os outros cães e realmente gostava de brincar com a sua bola, definitivamente seu brinquedo favorito. Cassie e Cindy geralmente jogavam juntas e cada jogo terminava com as duas desfrutando de um jogo de "tênis de nariz" enquanto o resto da gangue no campo continuava brincando ao redor delas.

A Penny também vinha muitas vezes comigo e com a "minha equipe" também à tarde, mas às vezes ia com a Juliet e os seus cães à tarde, para dar-lhe oportunidade de se encontrar e brincar com outros cães também. Ela era realmente o cãozinho mais sociável e afável. Ela dava-se bem com todo mundo, tanto com cão quanto com humano. A Cassie, por outro lado, dava-se bem com aqueles que escolheu. Ela foi, desde o início de sua vida conosco, muito exigente sobre os cães com quem ela ficava feliz de brincar ou estar por perto. Se ela fosse um ser humano, acho que podíamos pensar nela como sendo um pouco 'pretensiosa' e 'esnobe' como se ela pensasse ser melhor que todos os outros e pudesse se dar ao luxo de decidir de quem vai ou não gostar. Talvez isso tenha algo a ver com ela ter apenas 30,48 cm de comprimento e pesar não muito mais do que 5 kg. Tenho certeza de que todos ouviram o velho ditado sobre 'cão pequeno, grande atitude.'

Isso resume "o monstro Cassie" ou, como logo foi apelidada por aqueles de nós que a conheciam bem... *O Furão Louco.*

Penny

6

O QUE É UM FURÃO LOUCO?

AGORA, tenho certeza de que todos sabem o que é um furão, certo? Descrito em vários sites 'online' como sendo, *a forma domesticada da doninha Europeia, os furões são animais vivos, rápidos, curiosos, divertidos e animaizinhos com uma natureza muito curiosa.*

A descrição acima faz você lembrar de alguém? Talvez um certo cãozinho do seu conhecimento recente, talvez? Você pode pensar que me refiro à Cassie, e claro que você tem razão. Permita-me explicar.

Quando levei a Cassie para o campo de jogos, havia muito mato e arbustos plantados à volta da borda do campo, e sempre que a Juliet a levava para o outro, o campo maior onde ela se encontrava com os seus outros amigos caninos, havia muitos pequenos matagais espalhados por todo o lado. Estes, é claro, fornecem a qualquer cão de natureza curiosa uma fonte fértil de lugares para satisfazer o seu desejo de meter o nariz no chão e farejar debaixo dos arbustos e das árvores.

No caso da Cassie, uma vez autorizada a ficar sem a guia para correr em liberdade e brincar, ela fazia uma linha reta para os arbustos, ou árvores. Isso não teria sido tão ruim, exceto pelo fato de que visto que ela tenha desaparecido nos arbustos, etc. era praticamente impossível recuperá-la. Nunca houve nenhuma dúvida sobre a audição da Cassie, que é, quando muito, mais apurada e sensível do que de qualquer um dos nossos cães, por isso nunca foi uma questão ela não ouvir quem quer que a estivesse chamando. Não, no caso dela era apenas uma questão de "surdez seletiva." Se a Cassie tivesse encontrado algo interessante debaixo daquelas árvores ou arbustos, ela recusava-se firmemente a voltar até ter feito o que sentia ter de fazer ali. Muitas vezes ela encontrava a bola de tênis perdida de outra pessoa, ou talvez um brinquedo de puxar, ou algo semelhante e orgulhosamente, (eventualmente), vinha desfilando de volta pelo campo com seu novo tesouro em sua boca e sua cauda mantida alta em celebração de uma missão de "caça" bem sucedida. Ela parecia tão orgulhosa de si mesma, que era impossível não sorrir para as suas palhaçadas e mesmo que ela tenha ido muito mais longe do que deveria ter ido, nunca poderíamos ficar zangados com ela. Afinal de contas, o principal objetivo dessas sessões nos campos era diversão e exercício, e a Cassie estava certamente recebendo mais do que a sua parte de ambos. Foi após uma sessão dessas, quando a Juliet me contou como ela desapareceu debaixo dos arbustos um dia e a descreveu como "Furando por aí" na vegetação rasteira, que me virei para o cãozinho e disse-lhe: "Cassie, você não passa de um furão louco." Foi isso. A Juliet riu-se, eu ri, e a Cassie ficou ali olhando para nós com a sua cauda pequena abanando como louca. O nome pegou e nós o usamos como um nome alternativo para ela desde então, tanto que ela responderá de fato se chamarmos "Furão, onde você está?" ou algo semelhante. Mesmo a palavra, furão, pode trazê-la correndo até nós de qualquer lugar na casa.

Mesmo que a Cassie esteja bem agora em sua idade mais

avançada, ela nunca perdeu seu comportamento curioso e, muitas vezes, se a Juliet faz uma pausa para conversar com um amigo, enquanto está no campo com os cães, (ela normalmente leva a Cassie com o Digby e a Mel), os cães vão continuar brincando muito felizes, ou, muitas vezes, basta sentar-se calmamente ao lado dela, mas quando ela se vira para ir, Cassie não estará em lugar nenhum onde possa ser encontrada. A Juliet não se preocupa muito, pois ela sabe que a Cassie andará 'furando por aí' a remexer nos arbustos e nas árvores ao redor do campo. Com certeza, se ela continua a sua caminhada normalmente, com o Digby e a Mel correndo e brincando, de repente, um pequeno raio cinza aparecerá, debaixo de um arbusto ou de um emaranhado de árvores e virá correndo em alta velocidade para alcançar todos os outros, com o que só pode ser descrito como um olhar atrevido em seu rosto, como se dissesse, "está tudo bem, eu estou aqui, você pode continuar agora."

Cassie é tão pequena e sua cauda parece tão cômica como ela a tivesse segurado para cima e enrolado ligeiramente sobre as costas que é impossível ficar zangado com ela por fazer seu número de desaparecimento. Afinal de contas, ela está bastante segura no campo, com nenhum outro lugar para ela ir e há sempre alguns outros donos de cães por lá exercitando seus cães ao mesmo tempo, então se ela parece ter realmente desaparecido, Juliet pode facilmente chamar um grupo de busca pronto para usar.

Como estamos falando de apelidos neste capítulo, provavelmente é apropriado mencionar outro dos nomes alternativos bem merecidos da Cassie. Já mencionei anteriormente que a Cassie adora brincar com uma bola? Claro que sim, e foi o seu amor pelas bolas que fez um longo caminho até ela ganhar o nome de "A Bruxa Malvada do Oeste", ou apenas "A Bruxa Malvada". Na mente da Cassie, você vê, uma bola é uma bola, é uma bola, e para que são feitas as bolas? Certo, para brincar. O problema é que a Cassie tem dificuldade em entender que todas as bolas que vê não são DELA. Tenho a certeza que você pode imaginar o tipo de problemas que esta obsessão dela com todas as coisas redondas e saltitantes pode levar. Sim, claro, tenho a certeza de que você sabe o que vem a seguir. Cassie é uma ladra de bola, e nenhuma bola de cão, seja um Rottweiler, Doberman, ou um Terrier West Highland, está segura quando a Cassie está por perto. Por isso, muitas vezes, ela correrá com confiança até o maior dos cães, (a sua atitude pode ser classificada como brava, na fronteira com o insensato), e, geralmente, tanto para a surpresa do cão, quanto do proprietário do cão, ela saltará e, literalmente, roubará a bola da boca do outro cão e correrácomo louca, com a bola na boca, cauda acima das suas costas com o proprietário deixado de pé com o queixo caído em estado de choque e o seu cão praticamente no mesmo estado. Mas o que foi que os atingiu? Posso imaginar os seus pensamentos quando esta coisinha pequena, menor do que muitos gatos, realiza um exemplo perfeito de roubo canino à luz do dia!

É claro que, em seguida, cabe a Juliet tentar pegar a Cassie e devolver a bola roubada para o seu legítimo dono. Pode ser bastante hilário, às vezes, observar a Juliet, com outra senhora ou talvez um homem, com seus cães, atravessando o campo em calorosa perseguição da Cassie, que por esta altura provavelmente estaria feliz correndo por aí com o seu tesouro roubado na boca. Estamos convencidos de que a Cassie sabe exatamente o que está fazendo, e está errada ao levar a bola do outro cão, mas, novamente, o seu tamanho diminuto e o olhar atrevido no seu rosto normalmente significa que o dono lesado do cão vítima do assalto da Cassie normalmente vai se divertir muito com as suas palhaçadas e há sempre muito riso envolvido. Recuperar a bola roubada nem sempre é um sucesso e muitas vezes os outros donos simplesmente dizem, "Deixe-a ficar com ela", ou "Ela é tão bonitinha. Não tenho coragem de tirar isto dela."

Agora, antes de ouvir um coro de "ah" ou "que amor" e assim por diante, deixa-me contar o que acontece quando os papéis são invertidos, e alguns outros cães tentam, ou pior ainda, conseguem, roubar a bola da Cassie.

Um dia, quando a Cassie estava correndo e brincando no campo, com a Juliet e alguns dos outros cães, um amigo e seu cão juntaram-se a nós, um Doberman grande, mas muito amigável chamado Max. Pensando que seria divertido juntar-se ao jogo da Cassie, Max esperou até que a Cassie largasse a bola e ele saltasse para pegá-la com a boca. Cassie reagiu instantaneamente guinchando com seu latido agudo para o Max, sua cauda erguida rígida e seu rosto contorcido em um rosnado feroz, (tão feroz quanto é possível parecer quando alguém se parece com um cruzamento entre *Batfink* e um *Mogwai*, os pequenos personagens dos *Gremlins*). Enquanto a Juliet e o dono do Max olhavam com divertimento, seu riso virou choque, enquanto o pobre Max parecia atordoado pela exibição de agressão da Cassie, que deixou cair a bola e fugiu. Não só ele fugiu, como a Cassie fugiu como um morcego saído do inferno em calorosa perseguição, como se quisesse castigá-lo por ter a ousadia de lhe roubar a bola. Imagina o espetáculo que deve ter sido, o Doberman de pernas longas fugindo com a pequena Cassie, as pernas dela correndo como pequenos dínamos, a persegui-lo. A dona do Max não conseguia parar de rir, e a Juliet se viu chamando a Cassie de volta, não que ela tivesse feito algo se tivesse apanhado o Max, era tão engraçado de se ver. Por fim, a Cassie voltou e alguns segundos depois, um Max cabisbaixo retornou para o seu dono, que ainda estava muito divertido com o que acabara de acontecer. Foi demais para o seu grande e corajoso Doberman, ele comentou. Afugentado por um cão não maior do que um gato doméstico!

Acho que agora você já percebeu o que houve. A Cassie pode ser pequena, mas tem a atitude de um lobo. Pode-se certamente compreender como os nossos cães domésticos são descendentes dos seus antepassados selvagens se o nosso *Furão Louco* é tudo que se pode esperar. A atitude da Cassie logo lhe rendeu uma reputação cômica no campo entre os cachorreiros. Max não foi o último cão a sentir a sua ira, pois, ao longo dos anos, ela perseguiu uma coleção de outros cães que pensavam que levar a bola dela era uma boa ideia. Todos aprenderam de forma diferente!

Furão louco com a bola

7

AÍ VÊM OS STAFFIES (MEU PESSOAL)

POR ESTA ALTURA, a Cassie já tinha se estabelecido como parte integrante da matilha e da nossa família. Devo apenas contar uma das suas outras pequenas idiossincrasias antes de continuar. Eu me pergunto se alguém mais tem um cão com um jeito divertido de fazer xixi! A história da Cassie não estaria completa sem mencionar esta sua estranha prática.

Quando ela precisa "ir" ela tem um hábito muito peculiar de parar quando ela encontra um lugar apropriado, geralmente ao lado de um arbusto ou planta de baixo crescimento. Depois, levanta-se sobre as patas da frente, olhando como se estivesse de cabeça para baixo, e com a parte traseira no ar, levanta a cauda para fora do caminho e começa a fazer o seu xixi. É tão engraçado de ver e a maioria das pessoas que a assistem fazendo isto não podem deixar de comentar e rir ao mesmo tempo.

Agora, voltemos à nossa história. Como já mencionei anteriormente, nos anos desde que a Cassie se juntou a nós, houveram inúmeras mudanças nos membros da nossa matilha. Como este livro é uma história feliz da vida da Cassie conosco, não entrarei em detalhes sobre vários eventos que nos levaram a perder vários membros bonitos da nossa pequena matilha à medida que o tempo passava. Prefiro concentrar-me nos acontecimentos que influenciaram a vida da Cassie e os cães que dizem respeito a eles naquele tempo.

O que me leva ao que chamarei de "A era Staffy". Num fim-de-semana ensolarado decidimos dar uma volta de carro até ao canil local, a cerca de 20 km da nossa casa. Enquanto estávamos lá, a minha enteada, Rebecca, estava olhando os vários cercados para cães e chamou-me para ver um cão em particular. Juntei-me a ela e vi um cão preto lustroso com uma mancha branca no peito, que estava puxando cuidadosamente seu cobertor da cama para o lugar no seu cercado onde havia sol. Tendo conseguido, ele se deitou em seu acolhedor lugar ensolarado para desfrutar do sol da tarde. Chamei a Juliet do outro lado e observamos o cão durante uns minutos e os nossos pensamentos iniciais foram, *que cão inteligente ele é.* Depois de alguns minutos olhando os outros cães do canil, todos merecedores de casas novas e definitivas, decidimos fazer perguntas sobre o cão negro que a Rebecca encontrara.

"Oh, se referem ao Dexter?" disse a senhora do escritório.

"Então ele já tem um nome?" Eu disse, um pouco surpreso. A maioria dos cães no canil são abandonados ou cães de rua e raramente têm nomes.

"Sim", respondeu a senhora do canil. "Nós o escaneamos quando ele chegou e descobrimos ser microchipado. Contatamos o proprietário registrado que nos disse para ficar com ele. Aparentemente, eles o haviam dado não o queriam de volta. Estávamos desconfiados porque o diretor que o trouxe até nós disse que ele foi atirado de um carro em movimento a cerca de 95 km/h, na auto-estrada. Ele foi visto saltando sobre o acostamento por outro motorista que parou para ajudá-lo e que o levou para um veterinário. Teve sorte em escapar com ferimentos graves e sem lesões internas."

A história do Dexter ajudou-nos a decidir. Preenchemos a papelada e pagamos um depósito. Ele seria nosso em sete dias se não fosse reclamado pelo seu dono, o que, claro, era tão provável como a neve cair no dia de Natal na Austrália. Ele foi descrito na papelada como um Staffy (Staffordshire Bulterrier)/Labrador embora o tempo tenha nos levado a acreditar não haver nenhum staffy nele. Ele é apenas uma cruza de Labrador de parentesco desconhecido. No entanto, estávamos um pouco preocupados, porque este era um momento em que os Staffordshire Bull Terriers estavam recebendo muita cobertura negativa da imprensa e estávamos imaginando em que estávamos nos metendo.

Nós não precisávamos nos preocupar. Quando se juntou a nós em casa, o Dexter provou ser um verdadeiro cavalheiro. Na verdade, muitas vezes pensávamos nele como sendo tão relaxado, que ele era quase horizontal. Desde o primeiro dia, ele preferiu a sua cama ao ar livre, e sair para caminhadas, provavelmente, classifica-se em cerca de número dez em suas dez coisas favoritas para fazer! Ele realmente ama a sua cama, abençoe o seu coração, sendo provavelmente depois do que lhe aconteceu no dia em que foi atirado do carro e que provavelmente deixou algumas cicatrizes mentais que nunca o abandonarão.

Tendo adquirido o que pensávamos ser o nosso primeiro da categoria 'staffy' e sendo agradavelmente surpreso com a sua gentileza e boa natureza, decidimos que buscaríamos por outro staffy na próxima vez em que fôssemos à procura de um novo resgatado para adotar.

Na verdade, quando conseguimos o nosso primeiro staffy, isto não aconteceu exatamente como esperávamos. Se você já leu o meu último livro, *Sheba: do inferno à felicidade*, você saberá a história de como viemos a adotar a Sheba, mas no caso de você não ter lido a história dela, explicarei como encontramos nossa primeira staffy 'real', incluindo o seguinte extrato do relato da sua vida.

Um Feriado De Natal Frio...

J*Á* FORA *um inverno muito frio, e ainda não estávamos em janeiro. Foi naquela semana entre o Natal e o Ano Novo, dez natais atrás, quando o mundo parece um lugar estranho e surreal, à medida que nos recuperamos lentamente das festividades do Natal e nos movíamos quase adormecidos em direção à festança da véspera de Ano Novo. Seja por acaso ou destino, eu realmente não consigo lembrar, mas no dia 29 daquele dezembro muito frio, com a neve que caíra alguns dias tarde demais para chamá-lo de um Natal branco caída no chão, e com nada melhor planejado para o dia, minha esposa sugeriu uma visita ao nosso canil local. Mais cedo, eu comprei uma grande caixa de chocolates como presente para o pessoal do canil, de onde tínhamos adotado alguns dos cães resgatados da nossa família no passado. Parecia o mínimo que podíamos concretizar para dizer um pequeno "obrigado" às moças que trabalhavam lá, fazendo o seu melhor para tentar fazer com que os seus residentes, muitas vezes com medo e assustados, se sintam o mais confortáveis possível, dadas as circunstâncias em que tiveram de trabalhar.*

As acomodações no canil não eram luxuosas por quaisquer padrões, mas pelo menos os cães mantidos lá estavam abrigados, alimentados e sem sede, e seguros de danos, e os proprietários do canil operavam uma política rigorosa de "não matar" naquele tempo. Se um cão não pudesse ser realojado em um período razoável de tempo, eles muitas vezes contatavam a sociedade de resgate da raça específica que buscaria o cão e o levaria para ser realojado através de suas próprias organizações.

Então, agasalhados contra o frio, a minha mulher e eu, acompanhados pelas nossas duas meninas, com sete e oito anos e ambas na educação básica, nos amontoamos no carro e partimos na viagem de 23 km para o canil com o nosso presente cuidadosamente envolto e decorado com fita e laço. Ao chegarmos ao canil, paramos num estacionamento quase deserto. Obviamente, com as vendas pós-Natal em pleno fluxo, a procura por um cão para adotar era uma prioridade muito baixa para a maioria da população local.

As meninas de serviço ficaram contentes por nos ver como sempre e expressaram surpresa e gratidão por pensarmos em visitá-las com um presente. Uma das moças, que conhecíamos muito bem após inúmeras visitas ao canil, informou-nos que, desde a véspera de Natal, receberam mais de duzentos cães aos seus cuidados, um número assombroso de almas inocentes e indesejadas. Achamos difícil de acreditar que tantas pessoas poderiam 'descartar' sem coração os animais de estimação da família desta forma. Como nos foi dito, apesar de que alguns cães foram entregues por seus proprietários, por várias razões, grande parte foi expulsa por seus proprietários, alguns tendo sido encontrados e entregues por membros do público, com a maioria tendo sido recolhida e entregue para o canil pelo serviço de guarda de cães.

Embora não tivéssemos ido lá naquele dia com a intenção de adição à nossa família de cães resgatados, (naquela época eu acho que tínhamos onze em nossa casa), fomos encorajados pela nossa amiga Lisa a fazer uma turnê pelas instalações. Ela explicou que, devido aos números recebidos, eles tinham que configurar acomodações de "excedente", usando anexos e até mesmo parte dos estábulos que faziam parte da propriedade. Então, lá fomos nós, e um minuto após sair da recepção estávamos sendo atacados por dezenas de pares de olhos suplicantes e caudas abanando, todos praticamente suplicando para serem tirados de suas prisões e dado um novo lar. Alguns eram menos ativos do que outros, letárgicos e muitas vezes escondidos na parte de trás de seus cercados, vítimas óbvias de crueldade ou alguma forma de abuso. É quase impossível resistir ao apelo de alguns daqueles cães e nunca entenderei como algumas pessoas podem visitar tais estabelecimentos e sair de mãos vazias, dizendo que não puderam encontrar um que gostassem.

De qualquer forma, nós continuamos nosso tour, e após deixar o alojamento regular do canil para trás entramos nas áreas de superpopulação, as áreas do celeiro e estábulos, onde o pessoal fez um ótimo trabalho em montar dezenas de espaços habitáveis seguros, mas temporários. Pudemos dificilmente suportar as visões de cortar o coração de tantos cães, abandonados e indesejados durante o maior período de férias do ano.

"Não é um grande Natal para estes pobres bebês, não é mesmo?" Eu disse à minha esposa que acenou com a cabeça concordando, um nó na garganta impedindo-a de dar uma resposta adequada. À medida que entramos num pequeno prolongamento para a área do estábulo, vimos um pequeno cercado no canto, colocado ligeiramente separado dos outros. Caminhamos para observar o habitante daquele canto solitário, mas não estávamos preparados para a visão que nos cumprimentava quando olhamos para dentro dele. Já tendo visto terriers de todas as descrições, cães de caça de vários tamanhos e cores, e muitos cruzamentos de raça indeterminada tanto minha *esposa quanto eu tive de recuperar nosso fôlego para o que vimos agora.*

Uma lâmpada de calor pendurada no teto, posicionada diretamente acima de um cão pequeno, enrugado e quase sem pelo, enroscado firmemente numa posição fetal, tiritando ou tremendo, ou talvez ambos. Alguns tufos de pelo levaram-nos a pensar que ela, provavelmente, tinha originalmente ou uma pelagem, castanho escuro, ou uma pelagem malhada, mas não tínhamos certeza.

Juliet agarrou meu braço em choque, seu gesto o suficiente para transmitir seus pensamentos, bem-parecidos com os meus: Como alguém poderia deixar um cão ficar em tal estado?

Juliet encontrou sua voz e falou suavemente, tentando seu melhor para não assustar o pequeno cão, que também tinha inúmeras feridas vermelhas e inchadas em seu corpo, um caso óbvio de abuso grave. Talvez o pior de tudo tenha sido a marca de corda vermelho vivo à volta do pescoço, parecendo dolorida e ferida. Além disso, podíamos ver praticamente todos os ossos no corpo do cão. Estávamos olhando para um esqueleto vivo!

"Olá, querida", disse a Juliet. "Quem poderia ter feito isto a você?"

O cão não olhou para cima, e continuou deitado na sua cama, enrolado sob o calor da lâmpada. As meninas do canil obviamente fizeram tudo o que podiam para tornar o cão confortável com uma cama forrada com cobertores extras para esquentar.

"É um criminoso cruel", disse eu, minha raiva pelo tratamento dado ao cão por alguns segundos, dominando minha simpatia pelo seu sofrimento.

Não conseguimos impedir as nossas meninas de espreitarem o cercado e, apesar de tentarem não chorar, pude ver lágrimas se formando nos seus olhos enquanto olhavam para este pobre cão.

"Sabe dizer que raça ele é?" A Juliet me perguntou, discretamente.

"Não tenho certeza. É difícil de dizer, mas ao que parece, eu diria ser um pequeno staffy", respondi.

"Ele parece estar perto da porta da morte", disse minha esposa, sufocando suas próprias lágrimas nesta visão terrível, este símbolo da desumanidade do homem para com uma criatura viva inocente. "Quero perguntar à Lisa sobre isto."

Acenei com a cabeça concordando. As meninas voluntariaram-se para ficar com o cão para "fazer companhia" enquanto a Juliet e eu voltamos para o escritório de recepção.

A Lisa sorriu enquanto voltamos para o calor da recepção. "Aposto que encontraram algo que gostaram, não foi?" ela disse com um olhar astuto nos olhos.

"Talvez", respondeu a Juliet. "O que você pode nos dizer sobre o cãozinho nos estábulos, o que está debaixo da lâmpada de calor?"

"Oh, aquele. Ela é uma pequena Staffy. Um dos guardas de cães trouxe-a há três semanas. Se você acredita que ela parece mal agora, devia tê-la visto nesta época. Ela estava num estado lastimável. Nós honestamente pensamos que ela não ia conseguir e o veterinário queria sacrificá-la, mas ela levantou a cabeça e olhou para nós e... bem, algo nos fez decidir fazer o que podíamos para tentar salvá-la. Afinal, estava chegando o Natal. Então, o veterinário fez o que pôde para tratar os ferimentos e o estado da pele dela e apesar de ela ter feito algum progresso, acho que não vai conseguirá a longo prazo."

"Mas o que aconteceu com ela?" Eu perguntei.

"Essa também é uma história e tanto. Parece que o gabinete do guarda recebeu um telefonema anônimo um dia, dizendo que um cão foi atirado em uma lixeira, não posso dizer onde, e que o autor da chamada pensou que poderia ainda estar vivo. Um carro do canil foi até lá e encontrou o cão exatamente como o autor da chamada descreveu, e carregou ela dentro da van e a trouxe aqui. Tanto o guarda quanto o veterinário percebeu logo que o cão foi gravemente maltratado. A falta de pelo no corpo indica que ela foi usada como isca para treinar cães de luta. Eles raspam os pobres cães, para facilitar aos lutadores agarrarem-se à pele deles."

Na verdade, foi a primeira vez que eu e a Juliet aprendemos algo sobre o mundo da luta de cães e tenho a certeza que as nossas caras devem ter refletido o horror que sentimos pelo que nos disseram. Depois de uma pausa para respirar, a Lisa continuou sua narrativa.

"O nosso veterinário tem tratado dela desde que chegou, mas não há muito mais que possamos fazer. As feridas estão sarando, mas muito lentamente devido ao seu mau estado geral. Ela esteve visivelmente passando fome e as marcas de corda ao redor do pescoço são tão profundas que é óbvio que ela passou a vida amarrada enquanto os lutadores foram treinados para a atacar. O pobre cão não teve realidade de modo algum. Pelo tamanho dela, acreditamos que ela foi criada para lutar, mas acabou por ser raquítica e subdimensionada, por isso, usaram-na como isca."

"Então, o que acontecerá com ela?" Perguntei, sabendo muito bem o que a Juliet tinha em mente.

"O veterinário julga que ela está tão fraca, que é improvável que viva muito", respondeu Lisa. "O engraçado é que, quando ela levanta a cabeça e olha para você, ela faz o seu melhor para abanar a cauda e ser amigável. Como todos os cães que vemos, ela está à procura de um pouco de amor."

"É horrível que as pessoas realizem coisas como essas e saiam impunes", comentou a Juliet.

"Nada horrível, apenas totalmente criminoso", disse eu.

A Lisa parecia estar pensando um minuto antes de dizer, para nossa surpresa.

"Sabemos o que você sente em relação aos cães, e já tem uma casa cheia, mas ..." Ela fez uma pausa.

"Mas o quê?" Eu perguntei.

"Bem ... Talvez, se a chefe concordar, e se você estiver disposta, talvez possa levá-la para casa e tentar dar-lhe o amor de que ela precisa durante o tempo que lhe resta."

"Por favor, vá e pergunte-lhe", disse a Juliet. "Vamos levá-la, sem problemas."

A Lisa desapareceu e voltou dois minutos depois com a Kay, dona dos canis, que confirmou a oferta que a Lisa nos fizera.

Lisa levou-nos de volta ao estábulo onde as meninas ainda estavam pacientemente à nossa espera, falando gentilmente com o cãozinho. Lisa abriu o portão e entrou no cercado, abaixou-se e começou a acariciar o cão, que levantou a cabeça e, com certeza, sua cauda começou a abanar, lentamente no início, em seguida, com um pouco mais de gosto quando Lisa pegou ela e passou-a para os braços de Juliet. Juliet imediatamente começou a falar suavemente com o nosso novo e inesperado cão resgatado, e Lisa estendeu a mão e pegou um cobertor da cama do cão e enrolou-o em torno da pequena órfã para ajudar a protegê-la do frio enquanto caminhava através do quintal para o escritório.

Na recepção, eu estava pronto para preencher os papéis de adoção necessários e pagar a taxa habitual para o cão, mas Kay segurou a mão dela e disse que eles não queriam um centavo por ela.

"Ela não é exatamente o que as pessoas costumam deixar aqui e provavelmente não viverá por muito tempo. Vocês dois são maravilhosos por quererem levá-la e dar-lhe algum carinho amoroso e afeto. Duvido que tenha tido um dia de carinho amoroso na vida. Leve-a para casa e façam o que puderem por ela. Faremos os papéis básicos de adoção para cumprir as legalidades, mas não haverá honorários por esta menina. Vocês estão nos fazendo um favor ao levá-la."

Alguns minutos mais tarde, documentação completa, e enrolada em um cobertor que tínhamos no carro em todos os momentos para os nossos cães, eu carreguei o nosso novo resgate cuidadosamente nos meus braços e nós suavemente carregamos o cãozinho em nosso carro, falando de forma suave e tranquilizadora enquanto colocávamos ela na grande almofada para cachorro que preenchia a grande área de armazenamento na parte traseira do automóvel espaçoso. Quando fechei o porta-malas, ela olhou para mim e algo parecia brilhar em sua mente e sua cauda abanou, apenas um pouco, como se ela soubesse estar sendo resgatada e indo para uma nova casa.

Eu dirigi lentamente na viagem para casa, e as meninas, que eram bastante pequenas e podiam apenas ver sobre o banco de trás, através da grade para cachorro, relatou que a menininha estava sentada e parecia muito mais alerta e animada do que ela pareceu no canil. Enquanto íamos para casa, tivemos uma discussão sobre um nome para a última adição à nossa família resgatada.

"Coitadinha merece um nome realmente bom, algo orgulhoso e nobre", disse eu. "Algo para compensar os maus momentos que ela sofreu."

"Confirmo," a Juliet concordou e citamos vários nomes que podiam ser apropriados para ela, com inúmeras sugestões vindas das meninas no banco de trás.

Chegando em casa, eu não tenho certeza depois de todo esse tempo se fui eu ou Juliet, que pensou nisso, mas um de nós sugeriu o nome de "Sheba" como a Rainha de Sheba, tendo sido uma das mulheres mais bonitas de seu tempo, e geralmente conhecida simplesmente como "Sheba" e mesmo que as crianças sejam jovens demais para entender o significado do nome, elas concordaram ser um nome simpático para a cachorrinha. Rapidamente concordamos que seria um grande nome para ela, por isso, quando paramos do lado de fora da nossa casa, a decisão fora tomada. De agora em diante, a pobre arrepiada e extremamente abusada, quase sem pelo, pequena Staffy seria conhecida como Sheba!

Acima trecho de Sheba: do Inferno a Felicidade

ENTÃO, tínhamos uma staffy, uma verdadeira Staffordshire Bull Terrier com pedigree legítimo, não que ela se parecesse muito com um, no início. Foi preciso muito amor e muito cuidado antes que a Sheba começasse a parecer uma verdadeira staffy, mas dentro de algumas semanas de sua chegada à nossa casa, começou a crescer uma linda pelagem malhada e as suas cicatrizes e feridas anteriores e marcas de corda desapareceram lentamente sob o seu pelo recém-crescido.

Quanto à Cassie, ela levou as chegadas do Dexter e da Sheba no seu passo, como esperávamos que ela fizesse. Nada parecia perturbar a nossa pequena Cassie, e tudo o que ela parecia pedir aos recém-chegados era *"Eles gostam de brincar?"*

No caso do Dexter, ela rapidamente descobriu que ele não estava muito interessado em brincar, certamente não da maneira que a Cassie gostava de brincar. Dexter era bastante tranquilo em seus passeios, apesar de ter apenas 18 meses, correr era algo que ele dava a impressão de desdenhar. Ele juntava-se ao meu pequeno grupo no campo de jogos, mas em vez de participar com os outros, ele contentava-se em "perambular" em torno do perímetro do campo, cheirando e fungando nos arbustos e no mato que cresceram à volta das bordas. Ocasionalmente, eu encontrava um graveto descartado, e atirava-o na esperança de que ele achasse interessante. Ele achou, para minha surpresa e ele ficaria feliz de passar alguns minutos a perseguir e trazer o graveto de volta, até que ele decidir que gastou energia suficiente para o dia e de repente ignorasse o graveto e voltasse para sua exploração da vegetação rasteira.

Embora a Cassie não tivesse problemas em aceitar os novos membros da matilha, as coisas não eram tão simples do ponto de vista da Sheba. Como foi usada como isca pelos cães de luta, ela veio para nós com um medo inerente de outros cães. Enquanto estávamos nos saindo bem, lentamente a fazendo aceitar que os outros cães da matilha não iam atacá-la ou machucá-la, acabamos por perceber que ela parecia ter um problema com a Cassie. Deduzimos que seria porque a Cassie era tão cheia de energia, sempre saltando e pulando para cima e para baixo, que deixou a Sheba muito nervosa. No momento, não sabíamos quais seriam as consequências desse nervosismo.

Mais uma vez, incluirei um pequeno trecho de *Sheba: do Inferno à Felicidade* para contar a história do que aconteceu, e como isto quase nos levou a perder a Sheba para sempre.

Adeus Sheba

COMEÇOU COMO UM DOMINGO NORMAL. *Levantamos todos à hora habitual, os cães gostaram do café da manhã costumeiro e enquanto os levávamos para o seu passeio habitual matinal, nenhum de nós podia ter previsto o trauma que estava à nossa espera a poucas horas de distância.*

Os outros cães se divertiram correndo livres no campo de jogos próximo, e Sheba desfrutou de seu passeio mais longo com a guia até o momento. Chegou a hora do almoço e aconteceu, como era nossa rotina habitual em uma tarde de domingo, que tínhamos suspendido durante as três semanas em que Sheba estava conosco, e decidimos fazer uma curta viagem a um bar-restaurante nas proximidades, onde as crianças eram autorizadas a acompanhar seus pais. A Juliet e eu apreciamos esta pequena pausa como regra, poder relaxar com uma ou duas bebidas enquanto as crianças podiam beber conosco e correr e brincar nos jardins, se elas quisessem.

Dei por mim com pouco dinheiro, por isso deixei todos em casa enquanto fiz uma pequena viagem no carro até o caixa eletrônico mais próximo, onde tirei algum dinheiro para a nossa viagem de domingo à tarde. Quando parei na porta da nossa casa, não mais do que dez minutos depois, ainda não tinha ideia do que estava prestes a acontecer.

Tudo isso mudou quando entrei pela porta dos fundos para encontrar a Juliet em lágrimas, embalando a pequena Cassie em seus braços, sangue escorrendo de uma ferida, ou feridas em algum lugar na região de suas patas dianteiras e ombros. Não só a Cassie estava sangrando abundantemente, como havia sangue nas paredes e carpete na área de serviço. Na verdade, a área de serviço assemelhava-se a uma cena de crime de um filme de terror.

"Mas que diabos aconteceu?" Deixei escapar, chocado com a visão que me recebeu.

"Foi a Sheba", respondeu a Juliet. "Não houve aviso. Estava tudo em paz e ela decidiu de repente atacar a Cassie sem motivo. Olha para o estado dela."

Tive que admitir que a Cassie estava horrível. Sendo uma cruza de Yorkshire Terrier / Terrier Australiano, ela era o menor cão da matilha, não mais de 30 cm de comprimento e pesando cerca de quatro quilos e meio, pouco mais de dois sacos de açúcar. Com o sangue pingando das suas feridas, e sua pelagem fosca e emaranhada com o sangue que já encharcou o pelo, era difícil dizer a gravidade dos ferimentos.

"Algo deve ter desencadeado isto", respondi.

"Mas o quê?" A Juliet gritou. "Que eu saiba, a Cassie não fez nada para provocar a Sheba."

"Onde está a Sheba agora?"

"Na sala de estar. Consegui que ela se soltasse, agarrei-lhe pela coleira e arrastei-a para lá, para fora do caminho, " a Juliet soluçou. "Não podemos ficar com ela se ela começar a atacar os outros cães, Brian, ela tem de voltar para o Canil, sinto muito."

Por muito que eu tenha hesitado com a ideia de devolvê-la ao Canil, a lógica da Juliet parecia sensata naquele momento.

"Onde estavam as crianças quando isto aconteceu?" Perguntei enquanto tentava racionalizar o que aconteceu naqueles poucos minutos em que estive longe de casa.

"Felizmente elas estavam lá em cima em seus quartos, mas ambas vieram correndo para baixo quando elas ouviram toda a confusão e Cassie guinchando. Elas estão na sala de estar com a Sheba agora. A Sheba parece tão traumatizada quanto a Cassie, para ser honesta."

Eu não conseguia pensar numa saída para a situação, a não ser na afirmação da Juliet de que tínhamos de devolver a Sheba ao Canil.

"Talvez ela estivesse melhor em um lar sem outros cães", disse eu quando olhei para a Cassie, meu coração cheio de tristeza por seus ferimentos e também por Sheba, por quem tínhamos tantas esperanças. Afinal de contas, ela ainda estava se recuperando do abuso e negligência que sofreu e que estava se saindo tão bem. Naquele momento, fazia sentido deixá-la ir e talvez eles pudessem encontrar-lhe outra casa com uma família que a amasse e lhe desse toda a atenção.

Sem dizer mais uma palavra, mas com o coração pesado, tirei o meu celular do bolso e, relutantemente, digitei o número do Canil. Fiquei grato por ouvir a voz simpática da Lisa quando a minha chamada foi atendida.

"Lisa, temos um problema", disse eu, numa paródia involuntária das palavras associadas com a malfadada missão lunar Apolo 13.

"O que houve, nós podemos ajudar?" Lisa respondeu,

obviamente capaz de dizer pelo tom da minha voz que algo estava seriamente errado.

Ela ouviu com compreensão enquanto eu explicava o que aconteceu e eu quase me engasguei com as palavras ao terminar dizendo: "Posso devolvê-la para você? A Juliet diz que não podemos confiar nela e se ela voltar a fazer algo assim novamente, ela poderia matar um dos nossos cães se não estivermos por perto para a impedir."

"Claro que você pode", disse a Lisa. "Não se preocupe. A culpa não é sua. Tenho a certeza de que você fez tudo o que podia por ela."

"Obrigado, Lisa. Estarei aí dentro de uma hora", disse eu, desliguei e virei-me para a Juliet. "É melhor ir andando então. Você pode ir ver a Cassie enquanto estou fora e, se parecer ruim após você tê-la limpado, terei de levá-la ao veterinário de emergência."

"Sim, está bem, vou levá-la ao banheiro quando você sair. Poderei ver melhor quando usar o chuveiro para me livrar da maior parte do sangue."

Caminhei pela sala de estar para encontrar a Sheba sentada pacificamente entre os pés da Victoria. Ela levantou-se assim que entrei na sala e caminhou até mim, com a cauda abanando. Eu me senti horrível, e, na verdade, conseguia praticamente sentir o meu coração batendo no meu peito com a ideia de a tirar da única casa que ela havia conhecido, mas tinha de ser feito.

"Você foi uma menina muito malcomportada, Sheba", eu a repreendi e a cauda dela caiu como se ela percebesse estar zangado com ela. "Vou levá-la de volta para o Canil meninas. A sua mãe e eu não podemos arriscar que ela volte a fazer uma coisa destas."

As duas meninas pareciam muito chateadas e a Victoria perguntou se podia vir comigo para despedir-se da Sheba. Concordei, sentindo que a companhia dela seria mais que bem-

vinda no que eu sabia que seria uma viagem bastante solitária para casa.

Quando segurei a sua coleira, a Sheba voltou a abanar a cauda, pensando que ir dar uma volta, mas a caminhada não se estendeu mais do que até o carro, onde a peguei e a coloquei no compartimento traseiro do nosso carro espaçoso. Lembrei-me de ir buscar os seus medicamentos antes de sair de casa, na esperança que as pessoas do canil se certificassem que ela tomou os seus medicamentos e aplicamos o gel na sua cauda em processo de cura.

Quando chegamos ao Canil, a Lisa estava pronta e à nossa espera.

"O que vai lhe acontecer agora, Lisa", perguntei eu.

"Faremos o nosso melhor para realojá-la, é claro", respondeu ela.

"Ela precisa dos seus comprimidos e do seu gel para a cauda", disse eu. "Você acha que pode lhe dar os medicamentos e tratar da sua cauda?"

"Vamos, se tivermos tempo. Você sabe como as coisas podem ficar ocupadas por aqui."

"Sei", disse eu sentindo-me cada vez pior a cada segundo. Se eu ia deixar a Sheba lá, eu tinha que ir, o mais rápido que pudesse.

Quando a Lisa tirou a coleira e a guia da Sheba e colocou uma guia de corda à volta do pescoço dela, senti-me mal. A pobre Sheba foi-se embora obedientemente ao seu lado até chegarem a esquina de um dos edifícios que a tirariam da nossa vista. Olhei em volta e a Sheba estava ali, olhando para mim com olhos suplicantes que pareciam estar dizendo: "Por que você está me deixando aqui? O que eu fiz? Você não sabe que eu te amo?"

Antes que me desse conta, a Lisa deu um puxão na sua guia, e a Sheba desapareceu da nossa vista. Senti a mão da Victoria agarrar-se à minha e olhei para baixo e vi lágrimas nos olhos dela. Foi preciso todo o meu autocontrole para não me juntar a ela em seu choro no estacionamento.

Enquanto íamos para casa em relativo silêncio, olhei para o meu espelho retrovisor e não pude deixar de observar a pequena Victoria de sete anos a soluçar silenciosamente no banco de trás.

"Você está bem, Victoria?" Perguntei, já sabendo a resposta, mas não sabendo mais o que dizer.

"Terei saudade da Sheba", ela fungou em resposta.

"Eu também, querida", respondi,", mas você entende por que tivemos que levá-la de volta, não entende?"

"Sim, eu sei, mas não podíamos ter dado-lhe mais uma oportunidade?"

"Talvez, mas se ela o fizesse outra vez e porventura despedaçasse a pobre Cassie? Você não quer que isso aconteça, não é mesmo?"

"Não" foi a resposta de uma palavra que me disse que a Victoria não estava totalmente convencida pelo meu argumento, e, verdade seja dita, nem eu.

"Não esqueça que talvez tenhamos de levar a pobre Cassie ao veterinário de emergência quando chegarmos em casa. Pareceu que a sua perna ou o seu ombro estavam muito feridos antes de sairmos. Veremos como fica após a sua mãe limpar e dar uma boa olhada nas feridas."

Vitória ficou em silêncio e ficou assim pelo resto da nossa viagem. Em breve, estávamos em casa novamente e nos apressamos a entrar para ver como estava a Cassie.

A Juliet estava à espera na porta dos fundos quando entramos, com a Cassie nos braços.

"Qual é o veredicto?" Perguntei-lhe.

"Bem, é realmente incrível. Ela não está nem metade tão má quanto eu pensei. Obviamente parecia muito pior do que realmente era. Quando a limpei no chuveiro e olhei bem a ferida, não é nada grande." Ela segurou gentilmente a perna da Cassie para me mostrar. Havia uma pequena marca de mordida no que poderíamos chamar de "axila", onde a sua perna se juntava ao corpo na altura do ombro. Ainda estava sangrando um pouco, mas a Juliet estava absorvendo-o com um lenço umedecido ocasionalmente, para parar de pingar no chão.

Então a Juliet olhou para mim e para a Victoria. Ela soube logo que estávamos chateados.

"Como foi quando você a levou de volta?" ela perguntou.

"Horrível, para ser honesto", respondi eu. "A Sheba foi com a Lisa, mas quando percebeu que não íamos com ela, ficou parada, olhando para nós, parecendo perdida e sozinha. Senti-me como um assassino em série, se você quer saber, e a Victoria estava em lágrimas, dizendo o quanto sentiria a falta dela."

"Você acredita que ela ficará bem?"

"Não sei. Nem tenho certeza se vão continuar com os medicamentos dela."

"Bem, pelo menos a Cassie parece que ficará bem."

"Ela provavelmente só precisa de alguns antibióticos para prevenir infecções. Amanhã eu a levarei ao veterinário."

De repente, ficamos em silêncio, como se nenhum de nós soubesse o que fazer ou dizer. Nunca tínhamos enfrentado uma situação destas antes e tenho certeza que ambos nos perguntamos se tínhamos feito a coisa certa. Obviamente, os gritos da Cassie e a quantidade de sangue que ela perdeu inicialmente tinham-nos dado uma visão ligeiramente exagerada dos seus ferimentos, mas agimos com a melhor das intenções, e teríamos de viver com a nossa decisão.

"Porque não vamos ao pub como planejamos?" a Juliet finalmente quebrou o silêncio. "Será bom sair, tomar uma bebida ou duas e depois voltar para casa e passear com os cães."

"E a Cassie?"

"Ela ficará bem. Ela provavelmente só precisa se deitar e descansar."

"Ok", eu concordei, e fomos todos lá para cima trocar de roupa para a nossa agora ligeiramente atrasada visita ao pub.

Meia hora depois, nós partimos, os quatro ainda num estado bastante desanimado. O que começou como um dia normal tinha-se tornado um dia muito horrível e, embora nunca tivesse nos passado pela cabeça até há algumas horas, a decisão foi tomada. A Sheba foi embora!

Escolhas Erradas

O PUB ESTAVA QUENTE, acolhedor e cheio com o burburinho habitual que havia em uma sala cheia de gente povoada por comedores de jantar tardios de domingo, desfrutando de refeições do rodízio, e uma variedade de clientes regulares e visitantes ocasionais. A habitual, música ambiente tipo romântica tocada em um volume confortável no fundo. Agi quase como um autômato no bar, pedindo a minha habitual caneca de Guinness, um vinho branco para a Juliet, refrigerantes e batatas fritas para as crianças. De alguma forma, estar lá não foi tão relaxante e tão bom como teria normalmente sido.

Enquanto me sentava à mesa que a Juliet e as meninas conseguiram assegurar para nós, fui recebido pelo silêncio quase completo, para além de agradecimentos murmurados. Sentamos todos a olhar para o espaço por um minuto ou dois antes de eu quebrar o silêncio que nos acompanhava.

"Presumo que todos estejam com saudade da Sheba?"

"Estamos", respondeu a Juliet. "Estou me perguntando se não fomos um pouco precipitados em livrar-nos dela. Estamos aqui sentados nos preocupando com o que pode acontecer-lhe se eles não encontrarem ninguém para a adotar. Além disso, mesmo que encontrem, ela terá o cuidado e a atenção de que precisa para se recuperar adequadamente e viver uma vida plena e feliz?"

"Concordo com tudo o que você disse, mas o que podemos fazer sobre isto agora. Já a levei de volta e assinei os papéis. E sobre o que ela fez à Cassie?"

"Talvez ela só precise de um treinamento especial. Você pode falar com o Brian Gallagher e ver se ele pode dar algumas ideias."

O Brian era um comportamentalista canino e treinador com quem trabalhei em alguns dos nossos outros cães no passado e eu sabia que se alguém poderia resolver qualquer problema de socialização, ele era o homem.

"Talvez devêssemos ter falado mais sobre isso antes de nos apressarmos a levá-la de volta para o Canil", disse eu.

"A culpa foi minha", disse a Juliet. "Eu apenas vi todo o sangue onde ela mordeu a Cassie e pensei ser muito mais sério do que realmente era. Eu devia ter esperado até tê-la limpado antes de dizer a você para se livrar da Sheba."

As crianças estavam sentadas como estátuas enquanto escutavam nossa conversa, até que a Victoria disse: "não podemos recebê-la de volta?"

Juliet acrescentou: "Sim, porque não você não liga para a Lisa e vê se nos deixam mudar de ideia?"

Eu soube então que todos nós concordávamos. Devolver a Sheba ao Canil foi uma péssima escolha, não só para a Sheba, mas também para a família.

"Posso tentar", disse eu, e sem mais uma palavra, levantei-me da mesa, a minha Guinness ainda intocada, e caminhei para fora, onde eu poderia fazer um telefonema em paz.

"Lisa, sou eu outra vez", disse eu quando a sua voz familiar respondeu à minha chamada. "Tivemos uma reunião de família, e julgamos que agimos muito precipitadamente ao levar a Sheba de volta para você. Ela merece uma segunda chance e, se você não se importa, gostaríamos de lhe dar essa chance."

"Claro que não nos importamos", respondeu ela.

"Graças a Deus!", disse eu. "Não sei como a Juliet e as meninas teriam se sentido se você dissesse que não."

"Já te conhecemos o suficiente", respondeu Lisa. "Se está disposto a aceitá-la de volta, sabemos que fará o melhor que puder por ela. Todos pudemos ver a diferença que as últimas semanas com vocês fizeram com ela desde que ela foi trazida para nós originalmente."

"Muito obrigado, Lisa. Quando posso ir buscá-la?"

"Receio que terá de ser amanhã. Fechamos dentro de cinco minutos. Não há como você conseguir chegar até aqui, há?"

"Não, não há", concordei relutantemente. "Mas posso estar aí assim que você abrir amanhã ao meio-dia."

Sentindo-me muito aliviado, voltei para o pub e rapidamente me sentei em frente da Juliet, estendendo o braço e colocando sua mão na minha. As duas meninas sentaram-se esperando, ansiosamente.

"Então?" A Juliet perguntou. "O que eles disseram? Você falou com a Lisa, ou foi com a Kay?"

"Foi com a Lisa. Ela disse que podemos ir buscá-la amanhã."

"Isso é um alívio", respondeu minha esposa e as duas meninas, Rebecca e Victoria, pularam para cima e para baixo em seus assentos com entusiasmo.

"Não podemos trazê-la de volta hoje?" A Victoria perguntou.

"Lamento, mas não dá, Victoria. O Canil fecha a qualquer momento e nunca chegaríamos a tempo. Não se preocupe, ela ficará bem. É só uma noite e depois ela estará em casa conosco novamente."

"Mas ela sentirá a nossa falta, e da sua bela cama acolhedora e quentinha, e do seu chá, e de deitar na sala com todos nós para ver tv, e é frio e horrível lá", continuou Victoria, fazendo-me sentir ainda mais culpado.

"Sei que vai, Victoria, mas tenho a certeza que ela ficará bem e apenas pense no quão entusiasmada ela ficará quando eu aparecer amanhã para a trazer para casa."

"A que horas você vai buscá-la?" A Juliet perguntou.

"Estarei lá quando abrirem ao meio-dia", respondi. "Agora que já está tudo resolvido, podemos todos tentar animar - nos um pouco e desfrutar das nossas bebidas?"

A Juliet apertou-me a mão quando disse "Obrigado" e eu apertei a dela também. Sabíamos termos cometido um erro grave e agora esperávamos poder corrigi-lo sem ter tido efeito demasiado negativo na Sheba.

"Também ligarei para o Brian para certificar-me de que ele não se importa que eu leve a Sheba para algumas sessões de treino", disse eu, referindo-me ao nosso amigo treinador de cães.

"Eu ainda quero saber o que a fez voltar-se assim contra a Cassie", disse a Juliet, tentando descobrir o que aconteceu para causar tanto transtorno na casa ainda a pouco.

"O que elas estavam fazendo naquele momento? Você não se lembra?" Eu perguntei.

"Tudo estava como de costume", respondeu a Juliet. "Os cães não estavam fazendo nada fora do comum, na verdade, a maioria deles estava descansando em suas camas quando tudo começou."

Senti que ela estava pensando em algo e encorajei-a a dizer-me o que tinha lhe passado pela cabeça. Poderia ser importante.

"Bem, você sabe como a Cassie adora brincar?"

Acenei com a cabeça.

"E se ela saltou na Sheba, tentando fazê-la brincar e suas patas pegaram uma das feridas da Sheba ou algo assim? Isso teria sido doloroso e a mente da Sheba teria visto isso como um ataque, como quando ela era usada como um cão de isca."

"Isso seria típico da Cassie", respondi eu. "Provavelmente foi o que aconteceu, embora nunca tenhamos a certeza. Só teremos de ser extra vigilantes até sabermos que podemos confiar na Sheba para não fazer nada assim outra vez. O Brian ajudará a socializá-la adequadamente."

Quando fiz essa afirmação em particular, estava novamente me esquecendo da enorme quantidade de abusos e traumas a que a Sheba foi sujeita na sua vida até agora. Foi outro pequeno erro da minha parte, uma suposição que aprenderíamos a seu tempo.

Com o telefonema feito, os preparativos prontos para recolher a Sheba no dia seguinte, a atmosfera em nossa mesa dissipou-se de uma de tristeza e desânimo para uma de esperança e expectativa. O que quer que acontecesse daí para a frente, eu e a Juliet sabíamos que nunca mais deixaríamos a Sheba ir. Não importa o que fosse preciso, estávamos determinados a fazer da vida dela conosco uma vida feliz, em que ela podia tornar-se parte integrante da nossa matilha de cães resgatados. Ela tinha se saído muito bem até aquele domingo. Não havia razão para ela não conseguir fazer melhor ainda quando a trouxéssemos de volta para casa.

As meninas estavam felizes e tagarelas mais uma vez, e todos voltamos para casa do pub para encontrar Cassie cheia de vida e vitalidade. A ferida na perna dela já parecia muito melhor do que quando saímos para o pub mais cedo. Eu disse que ainda a levaria ao veterinário de manhã, só por segurança, mas não acreditei que ainda precisasse de pontos para fechar a ferida.

O resto dos nossos cães parecia perceber que houve um trauma em casa e foi um alívio levá-los todos para o passeio noturno, para poderem liberar qualquer tensão acumulada, correndo e brincando no campo perto da nossa casa. Tilly, no entanto, parecia bastante desanimada. Ela, mais do que qualquer um dos cães, tinha visivelmente saudades da Sheba, a sua nova amiga.

"Não se preocupe, Tills", eu disse, usando o meu apelido para ela, "a Sheba volta para casa amanhã."

Eu sempre dizia às pessoas que tinha a certeza que a Tilly entendia inglês. Se ela realmente podia ou não, eu não sei, mas posso dizer que após ter dito aquelas palavras, a Tilly começou furiosamente a abanar a cauda. Ela também ficou feliz com as notícias!

Paiiii!!!

A MANHÃ SEGUINTE DESPERTOU, brilhante e ensolarada, refletindo o ânimo geral da casa. Embora todos tivéssemos sentido falta da Sheba na noite anterior, o sentimento era diminuído pelo conhecimento de que eu iria buscá-la e trazê-la para casa novamente hoje.

Antes de qualquer coisa, tive de ligar para o veterinário para ele verificar a ferida da Cassie. Após terminarmos os nossos passeios matinais, cheguei a tempo de ligar para os veterinários logo após o horário de abertura. Não tive problemas em conseguir agendar a Cassie e deram-me uma consulta em apenas meia hora.

Desta vez, em vez do Bernard, eu vi a Rebecca, a diretora da clínica, que, numa data futura, se tornaria a Veterinária da Sheba, como aqueles que leram a história dela saberão. A Cassie pulou no consultório, cheia da sua energia desenfreada habitual e quase me senti uma fraude por tê-la levado lá. Com todos os cães realmente doentes que devem precisar de atenção, aqui estava eu com este pacote de alegria incontida que parecia tão em forma como um violino. Por fora, não havia sinal da sua ferida e a forma como ela continuava pulando do chão para o meu colo, para baixo e para cima, fez com que parecesse um boneco louco da caixa de surpresas!

Rebecca logo nos chamou, para meu alívio, e eu rapidamente dei-lhe um resumo sobre os eventos do dia anterior, deixando de fora que tínhamos levado a Sheba de volta para o Canil. Ela estaria conosco em breve, então seu status não tinha relevância para o tratamento imediato da Cassie. A Rebecca concordou que a ferida não era grave, embora tenha levado algum tempo para fazer com que a Cassie ficasse quieta tempo suficiente para ela a examinar. Não foram necessários pontos e a Rebecca deu-lhe uma injeção de antibióticos e prescreveu alguns dias usando Metacam como analgésico. Ela riu quando eu lhe disse: "ela parece estar sofrendo, Rebecca?"

"Não exatamente", ela sorriu, "mas é melhor nos assegurarmos. Pode parecer um pouco rígido em um dia ou mais, então o Metacam vai ajudá-la a lidar com qualquer desconforto."

Aproveitei a oportunidade para perguntar à Rebecca se ela julgava que a mordida da Sheba na Cassie podia ter sido uma reação de medo, e após lhe ter dado um resumo rápido da história da Sheba, ela concordou que a minha teoria estava provavelmente correta.

"Se a Cassie estivesse pulando e saltando sobre ela da maneira que ela está pulando por aqui esta manhã, não me surpreenderia nada se a Sheba se sentisse ameaçada e tentasse se defender", disse ela.

"Tentaremos nos certificar que a Cassie não tenha a oportunidade de o fazer novamente até que a Sheba esteja totalmente socializada com o resto dos cães", eu disse-lhe.

"É uma boa ideia, Sr. Porter. Não queremos que nada de mal lhes aconteça. Pelo que você me contou, a Sheba ainda não terminou a sua cura. O Bernard está tomando conta dela, não está?"

"Sim, ele está, e a Sheba está progredindo."

"Bom. Então, esta pequena está bem e pode ir para casa. Não é preciso trazê-la de volta a não ser que tenha alguma preocupação. A ferida deve sarar dentro de uma semana a dez dias. Sei que a sua mulher deve ter ficado um pouco em pânico com a hemorragia que você descreveu, mas lembre-se que os cães tendem a sangrar muito em comparação com os humanos."

"Obrigado, lembrarei-me disso, no futuro."

Com isso, deixei o consultório, com a Cassie pulando ao meu lado e um frasco de Metacam no meu bolso. A primeira fase da agenda ocupada de hoje foi concluída.

A Juliet ficou aliviada quando chegamos a casa, e eu contei-lhe o que a Rebecca disse. Aprendemos outra lição naquela manhã e, no futuro, lembrar-nos-íamos desse ponto sobre cães que sangram muito mais do que nós. Foi uma informação que nos deu suporte ao longo dos anos e impediu mais de uma viagem desnecessária para os veterinários quando algum de nossos animais de estimação sofreram cortes e arranhões menores. Já tínhamos o pó que ajudava a parar a hemorragia e usávamos sempre que um dos nossos cães sofria tais lesões. Quase sem falhas, a hemorragia cessaria em breve e, após limpar quaisquer feridas, normalmente julgaríamos que não valia a pena incomodar o veterinário.

A próxima tarefa naquela manhã foi telefonar para o Brian, o treinador de cães. Após lhe dar os detalhes sobre a Sheba e o incidente com a Cassie, ele disse-me que ela seria bem-vinda às suas aulas e disse-me que ela podia começar no sábado. Brian não ficou impressionado com o incidente com a Cassie e, como de costume, estava confiante em sua capacidade de corrigir o possível problema psicológico da Sheba, em acreditar que outros cães iriam atacá-la.

* * *

A MANHÃ PASSOU VOANDO e antes que eu desse por isso, chegou a hora de eu partir para o Canil. A Juliet perguntou-me se queria comer algo antes de sair de casa, mas eu disse que esperaria até voltar para casa com a Sheba. A viagem para o Canil normalmente levava entre 20 e 30 minutos, dependendo da quantidade de tráfego, então eu parti às 11:30, com a intenção de estar lá exatamente quando eles abrissem ao meio-dia.

O meu timing foi perfeito, e eu parei no estacionamento alguns minutos antes do meio-dia. Os portões ainda estavam trancados quando tentei, mas num minuto, a Lisa chegou para abrir.

"Presumo que você não podia esperar para chegar aqui", ela riu.

"Você poderia dizer isso", respondi. "Como ela está?"

"Ela está bem, não se preocupe. Quando ela te vir, ela vai provavelmente pensar que estava de férias por uma noite. Trataremos da papelada outra vez e depois vou buscá-la para você."

"Desculpa ter-te causado problemas, Lisa", eu me desculpei.

"Ouça, você fez o que achou ser a coisa certa, e é ótimo que também queira lhe dar uma segunda oportunidade, por isso não peça desculpas. Quem me dera que todos os que viessem à procura de um cão fossem tão responsáveis como você e a Juliet."

Com isso, entramos no escritório onde a papelada básica para entregar a Sheba demorou apenas um minuto. Enquanto a Lisa ia buscar a Sheba, tirei a coleira e a guia do bolso e esperei na mesma esquina da qual tinha me afastado dela, no dia anterior. Um minuto depois, Lisa apareceu na esquina do edifício com a Sheba caminhando de forma submissa ao seu lado. Lisa soltou a guia de corda em torno de seu pescoço e disse as palavras "Chame-a."

"Sheba, venha aqui", foi tudo o que eu disse e Sheba olhou para cima, me viu esperando por ela, e literalmente saiu a toda velocidade na minha direção e terminou a corrida com um salto no ar que a levou para os meus braços. Felizmente, eu a peguei e fui então submetido a uma infinidade de beijos de cachorro enquanto ela mostrava sua completa alegria e felicidade em me ver novamente.

A Lisa estava rindo e disse: "Acredito que esta foi a maneira dela de dizer Paiiiii. Acho que ela está feliz por seu pai ter voltado por ela."

"Acredito que você tem razão, Lisa, ri-me enquanto baixei gentilmente a Sheba no chão, onde ela estava de pé e abanava a cauda com excitação.

"Esta é uma das coisas mais simpáticas que já vi", disse a Lisa. "Aquele cãozinho obviamente ama tanto você e só esteve com você por algumas semanas."

"Sei, isto é o que resolvemos ontem após tê-la trazido de volta."

"Estou feliz por ela," Lisa respondeu enquanto eu caminhava em direção a ela e apertava a sua mão e disse meus agradecimentos antes de virar e caminhar com a Sheba para fora dos portões, e logo ela estava acomodada no carro, depois que ela realmente saltou para o compartimento traseiro. A Sheba estava indo para casa ... Outra vez!

Dirigi o mais rápido que o limite de velocidade permitia, mantendo um olho no meu espelho retrovisor, onde eu via que a Sheba estava de pé, as suas patas descansando nas barras da grade do cercado para cães, a sua cabeça se movendo enquanto ela olhava para a vista da viagem. Ela sabia para onde estava indo? Gostaria de pensar que sim, e em breve parei do lado de fora da nossa casa, e quando saí do carro, a Juliet veio pelo caminho para nos encontrar, tendo estado a observar a nossa chegada da janela da sala de estar.

"Ela está bem?" ela perguntou, enquanto eu caminhava para a traseira do carro para abrir o porta-malas.

"*Veja você mesma*", eu respondi, abrindo o porta-malas, permitindo que uma Staffy extremamente animada para saltar do carro para o chão, pulando para cima e para baixo, suas patas dianteiras enrolando-se em torno das pernas da Juliet em um aperto amoroso, sua cauda balançando furiosamente.

"*Sheba, Olá novamente. Uau, qualquer um pensaria que você tenha estado fora por um ano. Agora está em casa, querida*", exclamou Juliet enquanto tentava acalmar o deleite e exuberância da Sheba.

"*Você deveria ter visto o que ela fez no Canil*", eu disse, e continuei explicando a Juliet sobre o salto de Sheba em meus braços quando ela me viu.

"*Vamos lá então, vamos levá-la para dentro*", disse Juliet enquanto levávamos a Sheba pelo caminho para a porta dos fundos. Ela deixou deliberadamente a Tilly e alguns dos outros cães no jardim dos fundos para que a Sheba pudesse ser recebida por caras familiares enquanto passávamos pelo portão. Como era de se esperar, havia muitas caudas balançando e cheirando uns aos outros quando a Sheba foi rapidamente reunida com seus companheiros cachorros.

"*Será interessante ver como a Cassie age quando a vir*", disse eu.

"*Só há uma maneira de descobrir*", disse a Juliet quando abriu a porta dos fundos e chamou os outros cães para o jardim.

Todos eles vieram correndo, alguns pararam para ver a Sheba, a maioria simplesmente correu pelo jardim e continuou como se ela não estivesse lá, incluindo a Cassie, que parecia não ter medo ou inquietação quando ela percebeu que a Sheba estava de volta. De fato, ao longo dos anos, descobrimos que a Cassie é uma das mais firmes e dominantes dos nossos cães, apesar do seu tamanho minúsculo.

À medida que a nossa matilha cresceu ao longo dos anos, nos demos conta de que os outros cães têm muito medo da pequena

Cassie. Menciono isto no caso de alguém pensar que a Cassie é uma pequena "vítima à espera", rodeada de cães maiores apenas esperando para lhe tirar pedaços. Não é por nada que a chamamos de "O Furão Louco" ou "a Bruxa Malvada do Oeste". Ela é como um coelho da Duracell sem botão de desligar, e mesmo agora, aos doze anos, ela pode correr e correr e correr o dia todo sem sinais de cansaço. Você pode cansar só de olhar para ela.

Ela também gosta de se esconder debaixo da mesa de café na sala à noite, ou alternativamente vai se "empoleirar" na parte de trás do sofá, de onde ela tem uma grande posição para examinar o resto do espaço. Se qualquer cão tenta perturbá-la enquanto estiver embaixo da mesa, ela pula neles, como uma enguia atacando do seu esconderijo submarino, soltando um guincho, (não um latido), e é muito hilário ver os Staffies, como a Sheba, (realmente), o Muttley e a Sasha correndo para o centro da sala e rolando sobre as costas, com as pernas no ar em submissão, ou, muitas vezes, correndo para fora da sala todos juntos. Aqueles que invadem o seu espaço na parte de trás do sofá geralmente recebem tratamento semelhante. Este terrier minúsculo, (devia ser "terrierista?") não é nenhuma mosca- morta.

Acima trecho de Sheba: do Inferno a Felicidade

Todos aprendemos lições sérias e graças ao nosso subsequente gerenciamento cuidadoso das atividades dos cães, nunca mais se verificaram tais incidentes. Quando você ler este livro, Cassie terá 14 anos, Sheba estimamos que tenha 12 ou 13, (o canil só pôde supor a idade dela, quando a adotamos), e as duas vivem em paz na maior parte das vezes, com a Sheba ainda tendo muito medo do pequeno 'Furão louco' e se mantendo fora de seu caminho sempre que ela pode! A Cassie é definitivamente o que nós, humanos, melhor podemos descrever como uma "provocadora." Os outros cães, e mesmo aqueles que ela conhece enquanto corre e brinca, parecem saber que eles precisam dar-lhe um amplo espaço. Ela tem uma atitude do tamanho do Empire State Building, que, tendo em conta sua estatura diminuta (em outras palavras, ela é uma pintora de rodapé), é bastante compreensível.

Passeios com Sasha & Sheba

8

PAZ

O TEMPO PARECIA VOAR à medida que a paz regressava à nossa casa. Definitivamente aprendemos a nossa lição com o incidente da Sheba e eu e a Juliet descobrimos o que pensamos ser uma forma melhor de administrar a nossa família de resgatados. Entre outras medidas que introduzimos, uma foi a forma de manter a Cassie um pouco mais segura, deixando-a passar a maior parte do dia na sala, em vez de estar na cozinha com os outros cães. Até então, tínhamos permitido a todos eles passarem o tempo juntos, na grande cozinha com despensa, onde eles também tinham livre acesso e, também, a porta dos fundos, onde eles poderiam ir para o jardim sempre que eles quisessem. O nosso jardim dos fundos é rodeado por uma cerca de 1,80 m para torná-lo seguro para os cães. A partir daí, a Cassie seria supervisionada bem de perto sempre que a deixássemos ir para o jardim. Para que ela não se sentisse muito sozinha na sala, permitimos que a Penny se juntasse a ela para que tivesse companhia durante o dia. À noite, permitimos sempre que os cães se juntem a nós na sala, por isso estávamos confiantes que ela estaria bem conosco para supervisionar as coisas.

Por estranho que pareça, a Cassie e a Sheba estão muito próximas desde aquele incidente, embora a Sheba sempre nos dê a impressão de que ela tem um pouco de medo do pequeno 'furão louco.'

A nossa família canina foi aumentada mais tarde quando a Sasha se juntou a nós. Abandonada numa sarjeta com 5/6 semanas, este cachorrinho staffy logo teve todos se apaixonando por ela. Ela estava quase morta de hipotermia quando foi encontrada por um guarda de cães que passava, e era tão jovem que tivemos de sair e comprar-lhe leite para cachorrinhos nas primeiras semanas após a adotar. Depois, com dez semanas, ela quebrou a pata dianteira esquerda enquanto brincava com um dos outros cães, quando caiu das escadas e aterrissou desajeitadamente. Após uma operação para reparar a pata, ela então teve que passar três meses em um caixote, enquanto ela se recuperava, com saídas permitidas para ir ao banheiro e curtos períodos de exercício. Finalmente ela acabou por ficar liberada, e só duas semanas depois, saltou o portão de bebê na cozinha e adivinha... ela aterrissou mal e quebrou a mesma junta outra vez! Seguiu-se outra operação, e depois mais três meses de recuperação no caixote. Não haveriam mais membros quebrados, mas por volta de um ano, ela desenvolveu graves alergias de pele, que nós e o veterinário dela lutamos para controlar, Todo o resto perderia a importância, no entanto, quando aos dois anos, a Sasha veio do jardim uma manhã e de repente desmaiou na despensa. Não fazíamos ideia do que lhe estava acontecendo enquanto as pernas dela se debatiam e ela estava se babando, perdeu o controle da bexiga e estava fazendo um barulho horrível que vinha do fundo da sua garganta. Pensamos que ela podia estar tendo um AVC e não podíamos fazer nada para ajudá-la até que ela finalmente voltou da convulsão e fomos capazes de lhe dar muitos carinhos e amor até que o veterinário abrisse e eu entrasse rápido com ela como uma emergência. Esse foi o dia fatídico em que descobrimos que a nossa menina tinha epilepsia canina, desde então a Sasha e a nossa administração da sua doença se tornaram parte da nossa rotina diária.

Você pode ser perdoado por pensar que o nosso desejo original de ter um staffy foi um erro, mas tenho de dizer que não o teríamos de outra forma. Tanto a Sasha quanto a Sheba são os cães mais amorosos e carinhosos imagináveis e ambas são tremendamente felizes, e a Sasha até tem uma página no Facebook chamada Sasha, a cauda balançante da Inglaterra, iniciada por um amigo americano, Edward Cook, um grande fã da Sasha e de todas as fotos e vídeos que eu costumava postar na minha página do Facebook sobre ela. Desde que ele começou, o site ganhou popularidade e agora tem quase 700 seguidores.

Enquanto todo este drama estava acontecendo na nossa casa, a Cassie continuou a sua vida diária como se nada estivesse errado, pelo menos, nada que a preocupasse. Enquanto ela tivesse uma bola para jogar, e suas duas corridas diárias para brincar no campo, ela estava feliz e contente. Suas brincadeiras diárias com a Cindy continuaram a ser uma fonte de alegria e felicidade para ela e sua amiguinha, e para mim e Maureen, mãe humana da Cindy para testemunhar. De fato, a mudança na Cindy desde que conheceu a Cassie e os outros cães foi simplesmente milagrosa. Ela deixou de estar nervosa, tremendo como uma geleia à volta de outros cães, para ser uma cadelinha feliz e confiante que, assim que aparecesse no campo de jogos, estaria à nossa procura. Se estivéssemos lá primeiro, Maureen iria confiantemente deixá-la fora da guia e ela correria a toda velocidade através do campo para chegar até nós, e, onde ela e a Cassie deveriam realizar seu "ritual de saudação" de tocar os narizes, abanando as caudas e correndo em círculos juntas por alguns segundos antes de olharem para mim e Maureen para apresentarmos uma bola para poderem desfrutar seu favorito jogo "de tênis nariz".

Cindy era bem mais velha do que a Cassie, com o passar dos anos ela se tornou menos regular no campo. A idade não estava sendo particularmente gentil com a amiga da Cassie e ela estava muitas vezes ausente das nossas brincadeiras no campo de jogos devido a visitas ao veterinário quando ela ficou mais velha. À medida que a Victoria crescia, ela também encontrou outros interesses, como as adolescentes fazem, e logo tornou-se impossível para mim, levar quatro de cinco cães de cada vez para suas sessões de brincadeiras. Juliet em vez disso levou alguns dos cães que eu normalmente levava para passear em seus passeios para o outro campo maior na cidade e eu vi cada vez menos a Maureen e a Cindy.

Um dia, eu estava no supermercado local e deparei-me com uma Maureen chorosa. A pobre Cindy ficou muito doente e o veterinário aconselhou a Maureen que seria a coisa mais gentil deixá-la ir, por isso a Maureen perdeu a sua companheira de muitos anos. Seria um par de anos antes da Maureen encontrar outro cão pequeno, uma Border Terrier chamada Millie, que mais uma vez trouxe a felicidade para ela, mas a dor da perda voltou mais cedo do que ela poderia ter esperado, já que, depois de menos de dois anos, seu cachorro seria diagnosticado com diabetes avançado, que a pobre Millie deve ter sofrido muito antes da Maureen tê-la adotado, e, infelizmente, teve que ser sacrificada. Senti-me incrivelmente triste e com pena da Maureen, que parecia perdida sem um cão para passear e sentir-se próxima, e esbarrava muitas vezes com o marido dela, o Zoran, quando ele ia dar uma volta pela cidade, e ele próprio me disse que a Maureen não era a mesma pessoa sem um cão. Ele faria tudo o que pudesse para encontrar outro cão que pudessem levar para sua casa, mas a Maureen estava compreensivelmente relutante em se abrir para mais desgostos tão cedo.

Felizmente, ela sabia que precisava de um cão ao seu redor, e um dia, enquanto eu caminhava com a Sasha e a Sheba, quem eu vi vindo na minha direção, senão a Maureen, caminhando com seu cão recém adotado, Ellie, uma linda cruza de terrier, com uma pelagem muito fofa, bonita, cinza e branco e uma cauda ainda mais fofa. Aparentemente, Ellie é uma cruza de Shih tzu/Yorkie, mas o que quer que ela seja, a Maureen recuperou seu sorriso, e seu propósito na vida. Eu estava tão feliz por ela naquele dia e eu muitas vezes a vejo andando com a Ellie pela cidade e a Maureen ainda mantém um grande interesse em meus cães, e ela sempre para para falar com eles, já que ela agora os conhece durante a maior parte de suas vidas conosco.

Ainda bem que para ela, finalmente, houve um final feliz e um novo começo depois da perda da Cindy.

9

ACHADOS E PERDIDOS

É UM CERTO FATO QUE, para usar um velho clichê, o tempo voa quando estamos nos divertindo, e essas palavras nunca foram mais verdadeiras do que quando aplicadas à Cassie. Antes de sabermos disto, o nosso pequeno "Furão louco" estava celebrando o seu décimo aniversário e não mostrava nenhum sinal de desacelerar ou agir como muitos cães de dez anos o fariam. Ah! Não, muito pelo contrário. A Cassie acordava diariamente com apenas duas coisas em mente, correr e brincar. Quando menciono o aniversário dela, não sabemos a data exata em que ela nasceu, mas sempre usamos a data em que a Linda a resgatou pela primeira vez, e tiramos 12 semanas dessa data para nos dar uma simples aproximação. Afinal, todos precisam de um aniversário, certo?

Então, ela podia ser mais velha, mas ela continuou a passar cada dia como um Coelho Duracell sem um botão de desligar. As pessoas, incluindo nós, ficávamos simplesmente perplexos ao testemunhar a sua energia imensa e nos perguntávamos de onde vinha tudo isto. Eu costumava brincar dever ser o lado australiano dela. Talvez ela seja parte canguru. Bem, ela pode certamente saltar bastante! Nunca houve um dia em que a Cassie não estivesse preparada e pronta para sair desde o momento em que nos levantávamos de manhã. O único momento em que ela realmente abrandava era depois do chá à noite, quando permitimos que todos os cães se juntem a nós na sala de estar até a hora de dormir. Quando a Juliet e eu comemos a nossa refeição da noite, os cães estão prontos para relaxar, (graças a Deus) e isso significa que também podemos tirar algum tempo para colocar os pés para cima na frente da TV e "desligar" por algumas horas antes de irmos para a cama.

Esta é a rotina da Cassie por um bom tempo, quando relaxamos, ela salta e se junta a mim na minha poltrona, onde ela rapidamente aperta-se entre a minha perna e o braço da cadeira, onde ela rapidamente cai num sono agradável e profundo. No entanto, se qualquer um dos outros cães levanta-se para sair da sala, ou se há o menor ruído na rua, a super-audição das suas orelhas com tamanho de morcego entra em ação e ela instantaneamente acorda e vai em modo de alerta total. Não há como escapar à Cassie sempre vigilante.

* * *

Foi durante o verão, logo após ela ter completado dez anos que a Cassie realizou o que gosto de chamar de "ato Houdini". Em outras palavras, ela desapareceu! A caminhada da tarde foi sempre a hora favorita da Cassie, quando ela realmente podia esticar as pernas e fazer o que bem entendesse. Com muita gente e cães por perto, seria difícil perder um cão, mas é bom lembrar que a Cassie nunca foi o que poderíamos chamar de um cão "normal".

Parecia que por mais difícil ou por mais próxima que a Juliet tentasse vigiá-la, a Cassie tinha a velocidade, habilidade e determinação para "fazer o que bem entendesse", independentemente da supervisão de nós, meros humanos. Era fácil ficar de olho no Digby e no Muffin visto que eles estavam felizes de correr e brincar com seus outros amigos caninos e invariavelmente ficariam perto e a vista da Juliet.

Então foi num dia em particular, com o sol brilhando e borboletas no ar, a Juliet parou durante a sua caminhada, como muitas vezes fazia para falar com seus amigos que chegaram como de costume para suas caminhadas da tarde com seus cães. Como de costume, os cães estavam correndo por aí, divertindo-se, no entanto, porque era uma tarde excepcionalmente quente, Cassie parecia menos inclinada do que o habitual para querer jogar bola ou para se esforçar demais. Isso era incomum o suficiente, pois em circunstâncias normais, a Cassie iria literalmente correr e brincar até ela estar pronta para cair e sua pequena língua estaria pendurada do lado de sua boca como um pedaço de alface molhada. Em vez disso, ela parecia feliz em vaguear pelo campo, investigando os pontos de sombra no matagal e procurando por comida debaixo dos arbustos. A maioria dos cães no campo naquele dia estavam felizes em ficar perto de seus donos e esticar-se desfrutando de um lugar para relaxar no calor do sol da tarde.

A Juliet, como sempre fazia, continuou verificando para ter a certeza que os nossos três cães no campo com ela estavam bem, sabendo que a Cassie estava feliz a "fuçar" por aí, estava feliz por observar o Digby e o Muffin a desfrutar do sol com os cães dos nossos amigos.

Quando chegou a hora de todos irem para casa, a Juliet não teve problemas em reunir o Digby e o Muffin ao seu lado, ambos respondendo instantaneamente a suas chamadas para que eles se juntassem a ela. Da Cassie, no entanto, não havia nenhum sinal. Pensando que ela ainda estaria explorando as árvores e arbustos, a Juliet chamou-a, e então chamou-a um pouco mais, mas não recebeu resposta. A Juliet não estava muito preocupada agora, pensando que talvez a Cassie estivesse deitada, ressonando muito alto, em um lugar agradável ensolarado em um dos matagais, ou talvez ela tivesse sentido muito calor e tivesse encontrado um lugar legal para se deitar e dormir uma soneca.

Entre os amigos que se conheceram para passear os seus cães juntos naquele dia estava um jovem chamado Stuart, com cerca de vinte e dois anos, e estudante na Universidade de Edimburgo, que vinha sempre para o campo, geralmente acompanhado por sua irmã, Chloe para passear com o cão de sua família, o Lenny, sempre que ele estava em casa para as férias. Stuart é inteligente, bem-educado e muito diferente de alguns dos jovens que o nosso país parece estar produzindo hoje em dia. Só mencionei isto porque ele percebeu imediatamente que a Juliet estava ficando preocupada quando, depois de cerca de dez minutos chamando e procurando, ela não conseguiu encontrar a Cassie. O Stuart, sabendo que a Juliet precisava levar os outros cães para casa, já que eu me preocuparia com eles, disse-lhe para voltar para casa, e ele continuaria à procura da Cassie. Juliet estava tão grata ao jovem que se ofereceu para ajudar, enquanto outros donos de cães deixaram-na para procurar sozinha.

Juliet correu para casa e rapidamente deixou o Digby e o Muffin comigo após me dar uma breve explicação da situação. Eu estava preocupado, para dizer o mínimo. A Cassie nunca tinha se perdido antes, e o pensamento de que ela poderia ter sido apanhada e "cãoptada" por uma pessoa sem escrúpulos nunca deixavam de passar pela minha cabeça, enquanto esperava por notícias. Saber o que acontece frequentemente a esses cães, especialmente porque tínhamos o nosso antigo cão de isca, Sheba, na família, encheu-me de pavor.

Perdi a noção do tempo até que, finalmente, a Juliet chegou em casa, acompanhada pelo Stuart, a Chloe, o Lenny... e a

Cassie! O Stuart insistiu em acompanhar a Juliet até em casa enquanto explicou o que tinha acontecido. Tivemos de recompor algumas partes, mas apareceu uma imagem bastante clara da última aventura da Cassie.

Não muito longe do campo de jogos onde exercitamos os cães, fica uma escola, uma com seu próprio campo de jogos muito grande. A escola e seu terreno são cercados por uma cerca alta, verde, com padrão de diamante, feita de plástico reforçado, (você sabe o tipo de coisa que quero dizer, ela tem aço correndo através dela para dar-lhe força adicional). Ela é projetada para manter pessoas e animais do lado de fora, bem como para garantir a segurança das crianças durante o dia de escola.

Bem, depois de a Juliet ter saído para trazer o Digby e o Muffin para casa, o Stuart explicou que fez uma busca rápida à volta do nosso campo mais uma vez, e, após pensar um pouco sobre à situação, decidiu procurar um pouco mais longe. O caminho que leva do campo na direção da escola dá lugar a um caminho estreito que corre ao lado do campo de jogos da escola e leva à próxima cidade. O Stuart tinha se perguntado se a Cassie poderia ter encontrado seu caminho para a trilha estreita que se assemelhava a um beco, e encontrado seu caminho para a cidade vizinha. Enquanto ele caminhava ao longo da trilha, ele de repente, notou a Cassie ao longe, correndo alegremente no campo de jogos da escola.

"Cassie", ele chamou-a, e com certeza, ela correu até ele quase imediatamente. O problema era que o Stuart não conseguia ver como ou onde ela entrou na propriedade da escola, e a cerca tinha pelo menos 1,80 m de altura, por isso ele não tinha como chegar até ela, ou tirá-la de lá, a não ser que conseguisse descobrir como ela entrou no campo.

Ele andou para cima e para baixo ao longo da trilha, com a Cassie saltitando do outro lado da cerca. Finalmente, ele deparou-se com uma pequena quebra na parte inferior da cerca, quase imperceptível a menos que alguém estivesse procurando por ela. Até onde o Stuart conseguiu entender, esta tinha de ser a forma como a Cassie entrou no terreno da escola. Tendo encontrado isto, no entanto, ele foi confrontado com um novo problema. Como ele conseguiria convencer a Cassie a chegar até o buraco da cerca, e, em segundo lugar, convencê-la a voltar através da cerca para que ele poder resgatá-la e levá-la de volta para a Juliet, que ele sabia que voltaria para continuar procurando a Cassie muito em breve?

Felizmente, Stuart tinha alguns biscoitos em seu bolso, e o Lenny, que a Cassie normalmente ignorava quando eles se conheceram, começou a arranhar a parte inferior da cerca, tendo visto o pequeno cão do outro lado, que atraiu Cassie para a área certa.

Tendo-a atraído para a área geral, o Stuart foi então confrontado com o problema de atraí-la através do pequeno buraco na cerca, usando os biscoitos como um chamariz. Ele começou por atirar um biscoito pelo buraco para chamar a atenção da Cassie. Aquele estratagema teve tanto sucesso até que a Cassie correu e agarrou o biscoito, só para fugir cerca de 10 metros com ele, onde ela relaxou e deitou de barriga para comer. "Ah! Meu Deus!", pensou o Stuart. "Como a trago mais perto e lhe mostro como passar pela cerca?" Cassie então tomou o assunto em suas próprias patas voltando para a cerca, obviamente procurando por outro biscoito. O Stuart teve uma ideia luminosa. Ele colocou sua mão através da abertura na cerca e colocou um biscoito cerca de 15 centímetros no lado da escola da cerca e prosseguiu colocando uma pequena trilha de biscoitos de lá até o lado da cerca em que ele estava. A medida em que ela ganhou confiança, (e sua gula aumentou), Cassie gradualmente começou a devorar os biscoitos, observada invejosamente por Lenny, como o Stuart contou a

Juliet, enquanto a pequena Cassie comeu todos os seus petiscos.

Por fim, quando o Stuart prendeu a respiração, a cabeça da Cassie apareceu pela abertura, não o suficiente para agarrá-la, mas mais um biscoito poderia fazê-lo. Finalmente, seu corpo seguiu sua cabeça e o Stuart rapidamente recolheu-a em seus braços e encaixou sua guia, que Juliet deixou com ele no caso de ele encontrá-la, em vez da sua coleira.

Ele a colocou no chão e começou a caminhar em direção à saída do campo, no exato momento em que a Juliet reapareceu após deixar o Digby e o Muffin em casa. Ela estava tão feliz por ver a Cassie andando ao lado do Stuart, com Lenny do outro lado. Ela também ficou extremamente grata ao Stuart por sua ajuda, e por se voluntariar para procurar pela Cassie enquanto ela levava os outros cães para casa. Ele até insistiu em levá-la para casa, para garantir que ela e a Cassie chegassem em segurança. Estava olhando ansiosamente pela janela quando vi a Juliet e o Stuart aparecerem, e embora não pudesse ver a Cassie, muito pequena para ser vista pelo muro do jardim, podia ver que a Juliet estava segurando a guia, por isso era óbvio que a Cassie devia estar no final dela.

Fui ter com eles e pude juntar os meus agradecimentos ao Stuart pela sua ajuda e generosidade em auxiliar a encontrar o nosso cãozinho desaparecido. Ele disse estar feliz em ajudar e logo nos deixou para levar o Lenny para casa. Pouco tempo depois, a Juliet contou-me que encontrou o Stuart e a Chloe uma tarde e, eles em lágrimas, disseram-lhe que seu lindo menino, Lenny, morreu de repente. Seu pobre cão tinha apenas três anos, mas foi atingido por um ataque cardíaco repentino e totalmente inesperado. Que tragédia para atingir uma família tão adorável. O Stuart então ficou ansioso para voltar para casa da universidade e passar tempo com o Lenny e todos os outros cães no campo. Foi só para provar o quão injusta a vida pode ser às vezes. Alguns meses depois, a Juliet ficou feliz em encontrar o irmão e a irmã novamente com o mais novo acréscimo a sua família, um filhote de pastor alemão, chamado Pippa. Um final feliz para todos no caso da Cassie desaparecida.

Um post scriptum final para a história aconteceu quando um telefonema para a escola incentivou-os a reparar o buraco em sua cerca, que estou feliz de dizer que foi resolvido rapidamente, portanto evitando ocorrências semelhantes no futuro, não apenas pela Cassie, mas quaisquer outros cães que possam ter sentido uma vontade de passear semelhante.

Banho de sol

10

CORRER, SALTAR... MANCAR

COMO TENHO certeza de que vocês devem estar todos cientes do amor insaciável da Cassie por correr, saltar e brincar, em geral, foi uma surpresa para nós, um dia logo depois do seu décimo segundo aniversário, quando percebemos que ela estava mancando um pouco.

No início, não pensamos muito nisso, pois certamente não teria sido a primeira vez que ela teria se esforçado demais enquanto corria e brincava no campo. Presumimos naquele momento que era provavelmente um músculo distendido ou algo parecido e demos-lhe uma dose de Metacam, repetida durante cinco dias para ajudar com qualquer dor que ela pudesse estar sentindo. Quando os cinco dias se passaram, seu mancar tinha realmente aumentado acentuadamente e, de fato, vimos que a Cassie, apesar de continuar correndo e brincando alegremente com sua bola e seus amigos caninos, estava mantendo sua pata traseira esquerda longe do chão, então ela estava efetivamente correndo com três pernas, com um ocasional pulo sobre a perna afetada.

Nitidamente, pudemos ver que isto era mais que uma

simples distensão muscular, por isso telefonei e marquei-lhe uma consulta com o veterinário. Dois dias depois, Cassie foi examinada pelo Bernard no consultório, e após testar sua reação de mobilidade naquela perna, ele decidiu realizar raios-x nela. Ela foi agendada no dia seguinte e eu deixei-a lá logo de manhã. Como ela precisava de anestesia geral, tive de deixá-la no consultório do veterinário e combinei de ir buscá-la na hora do chá. Tive tanta pena da pobre Cassie. Doze anos, e nunca a tínhamos deixado com mais ninguém em todos os anos em que ela viveu conosco. Quando a enfermeira da veterinária a levou da sala de exames após eu ter preenchido o formulário de consentimento necessário para o procedimento de anestesia e raio-x, ela olhou para mim com um olhar que parecia dizer, *"Porque você vai sem mim? Porque eu não posso ir para casa com você? Devia estar indo para o meu passeio é hora de brincar."* Tive de ir embora sem olhar para ela de novo, sem querer que ela ficasse muito estressada.

Porque é que os cães fazem você se sentir um assassino em série quando os deixa no veterinário? Obviamente, se nunca foram deixados lá antes, devem pensar que estão sendo abandonados. Não pude deixar de comparar o olhar de desespero da Cassie comigo a abandonando com a reação da Sasha nas inúmeras ocasiões em que teve de passar um tempo na clínica. Provavelmente porque ela está habituada a ser tratada lá, pelas suas duas pernas quebradas, inúmeros testes e tratamento para a epilepsia, ela está tão habituada a passar tempo lá que parece que ela a vê como a sua segunda casa. Sempre que a levo ao veterinário, a Sasha fica animada assim que passamos pela porta e me puxa diretamente para a área de recepção, onde ela passa por uma "cerimônia" de saudação elaborada a cada um dos funcionários de serviço. Ela então passa pela porta que leva à área de tratamento, onde ela sabe que o resto de seus amigos estão. Os funcionários do consultório todos a conhecem desde que ela era um filhotinho e todos a amam e a chamam de "sua princesa", então uma visita ao veterinário é algo que a Sasha gosta, ao contrário da pobre Cassie que estava prestes a ser deixada pela primeira vez, mesmo que fosse apenas para raios-x.

Então, fui para casa, com a enfermeira da veterinária que tratou da sua admissão, assegurando-me que o veterinário me telefonaria assim que tivesse os resultados do raios-X. Como era de se esperar, recebi a chamada do Bernard pouco depois das 14h daquela tarde. A Cassie rompeu o ligamento cruzado na perna traseira direita e precisaria de cirurgia para o reparar. O Bernard passou a me informar sobre os diferentes procedimentos disponíveis para o problema dela e eu aceitei o conselho dele sobre aquele que ele julgava que seria mais adequado para o nosso cãozinho. A Juliet e eu não hesitamos, é claro. A Cassie teria de passar pela operação se fosse para ela ter a chance de viver o que era para ela uma vida normal de correr e brincar. O Bernard assegurou-me que ela não teria problemas em voltar ao seu eu habitual depois de um período de recuperação. Então ele largou a bomba. A Cassie teria de descansar por seis semanas após a operação. Você consegue imaginar isto? Já era difícil o suficiente tentar manter a Cassie quieta por mais de alguns minutos na melhor das hipóteses, e aqui estávamos nós, confrontados com a perspectiva de tentar mantê-la com aquela perna em repouso e o mais imóvel possível por um mês e meio!

Teríamos de fazer o nosso melhor, por isso, a Cassie foi agendada para a operação na semana seguinte. Enquanto isto, ela continuou com analgésicos e, horror dos horrores, no que lhe diz respeito, ela estava restrita a curtas caminhadas com a guia até ter sua operação. Sem correr, sem saltar, sem comportamento de "furão louco" para a Cassie até nova ordem. Você consegue imaginar isto? Não? Nós também não.

* * *

ENTÃO, o dia fatídico chegou. A pobre Cassie deve ter-se perguntado porque não lhe foi permitido tomar o café da manhã pela segunda vez numa semana, depois de estar esfomeada desde a hora do chá da noite anterior. Quando prendi a sua guia, ela deve ter provavelmente pensado ir dar o passeio matinal habitual. Quando, em vez disso, a coloquei no carro, ela deve ter-se perguntado o que estava acontecendo. Chegamos ao consultório pouco antes das 8: 30 da manhã e logo fomos chamados para a sala de exames onde a Cassie foi pesada (ela tinha 5,8 kg) e novamente, eu tive que completar a papelada necessária, dando meu consentimento para que ela se submetesse à operação. Mais uma vez, foi combinado que eu poderia ir buscá-la na hora do chá e foi-me dada uma marcação de coleta específica às 17 horas.

Recebi um telefonema pouco depois do meio-dia para me dizer que a operação foi realizada com sucesso e que a Cassie estava bem e em recuperação. Não havia mais nada a ser feito, exceto esperar por cinco horas, quando eu faria a viagem para buscá-la e trazê-la para casa.

Quando fui buscá-la, não tive de esperar muito até ser chamado para a sala de tratamento. Uma das enfermeiras entrou com a Cassie nos braços. Ela parecia tão patética e desamparada, com a perna completamente raspada, e um curativo muito grande e auto-adesivo preso a ela para cobrir a ferida da operação. Outro curativo em sua perna dianteira, onde o cateter foi inserido durante a operação, completou a aparência de "soldado ferido" e a pobre Cassie, ainda bastante dopada da anestesia, parecia totalmente miserável, embora sua cauda balançasse um pouco quando ela me viu.

A enfermeira gentilmente colocou-a na mesa de exames enquanto me explicava tudo, em relação aos cuidados pós-operatórios da Cassie. O Bernard, o veterinário, sugeriu que ela usasse um colar elizabetano para impedi-la de lamber os pontos em sua perna, que no momento estavam cobertos por um grande curativo. Expliquei que o colar elizabetano não seria uma boa ideia com todos os outros cães da casa, pois os outros iriam direto para ela e não dariam descanso ou paz à Cassie por causa do estranho dispositivo "alienígena" preso à sua cabeça. Além disso, devido às suas perninhas curtas, imaginei-a tentando comer ou beber com o colar no lugar, e, recordando como foi difícil para um dos meus dachshunds alguns anos antes, declinei do colar e disse à enfermeira que estaríamos ultra-vigilantes para garantir que ela não tivesse acesso à ferida para lambê-la.

A enfermeira explicou, como já haviam me dito, que a Cassie precisava de seis semanas para se recuperar do procedimento. Não deveria haver corrida, nem salto, (nem mesmo para cima do sofá ou da minha poltrona), e definitivamente nenhuma caminhada de modo algum por pelo menos as duas primeiras semanas. Como íamos manter o furão louco quieto e relativamente parado durante duas semanas, ela não disse, além de sugerir manter a Cassie numa caixa para a sua própria segurança e proteção.

Eu sabia que aquela definitivamente não era uma opção. A Juliet e eu olharíamos por ela e cuidaríamos dela, mas não havia como imaginar mantê-la prisioneira potencial numa caixa durante duas semanas, quanto mais seis! A Cassie teria problemas psicológicos graves se a mantivéssemos presa por qualquer período.

* * *

Saí do veterinário pouco tempo depois, armado com um novo frasco de analgésico Metacam para a Cassie e em breve estávamos em casa, onde a Cassie, ainda muito zonza da anestesia, estava feliz por jogar-se na sua cama na sala de estar. Este era o momento do dia em que permitimos que os outros cães se juntem a nós na sala de estar e todos eles pareciam sentir a situação da Cassie. Cada um deles a cheirou, e em particular à sua perna com curativo, antes de afastar-se e deixá-la em paz, onde ela descansou pelo resto da noite, apenas se levantando de sua cama para ir ao banheiro na hora de dormir.

Na manhã seguinte, no entanto, ela parecia ter sofrido uma transformação durante a noite. Ela foi de parecer e agir como um "pato morto numa tempestade" para parecer como... Cassie, o furão louco! Ela estava pulando (tanto quanto podia em suas três pernas boas), e agindo perfeitamente normal, tanto quanto era possível para ela. Quando chegou a hora dos "passeios" ela começou a enlouquecer, como se ela esperasse ir para o seu passeio normal, como se nada de incomum tivesse acontecido.

"Você foi operada, sua tola", disse eu. "Você precisa descansar, Cassie." Eu devia ter falado com o Henry, o aspirador de pó, no que diz respeito à Cassie. Ela continuou saltando para cima e para baixo e só parou, depois a Juliet me disse, quando desapareci pela porta dos fundos com a Sasha e a Sheba, com quem ela normalmente compartilhava seu passeio matinal. Visto que ela percebeu termos ido sem ela, Cassie pareceu ficar "emburrada" e voltou para a cama, porém, assim que voltei com os dois staffies, ela estava rapidamente de volta em seus pés, tentando atrair a atenção, como a dizer, *"Agora, é a minha vez?"*. Você tinha de admirar a determinação da cadelinha e era tão tentador ceder-lhe, mas a saúde dela vem primeiro e, goste ou não, a Cassie teria de descansar, até onde a pudéssemos obrigar a fazê-lo, e garanto, que não foi fácil. Cada vez que a Juliet, ou eu levava qualquer um dos cachorros para um passeio, a Cassie estaria lá, arranhando o portão de bebê que a mantinha fora da cozinha, choramingando com sua vozinha estridente e olhando através das grades. Implorando para ir conosco, mas por agora, ela estava confinada à sala de estar, sendo somente autorizada a sair para o jardim para fins de ir ao banheiro.

Três dias após a operação, ela voltou ao veterinário para o seu primeiro check-up pós-operatório. O veterinário ficou encantado com o progresso dela e riu-se quando expliquei os problemas que ela estava causando. Para ele, isto provou o quanto ela estava bem. Originalmente, ele havia dito que a Cassie poderia talvez fazer passeios curtos de dez minutos com a guia, depois de quatro semanas, se ela estivesse bem, mas depois de ver o progresso que ela fez em apenas três dias, e, após a minha explicação de sua atitude e comportamento, desde que chegou em casa, ele reformulou isso para dizer que, se ela não tivesse problemas, ela poderia talvez fazer aqueles passeios curtos depois de duas semanas, mas ele precisava ver que ela estava começando a colocar algum peso em sua perna. Até agora, ela estava saltando em três pernas, mantendo a pata ferida longe do chão.

Como era de se esperar, depois de duas semanas muito cansativas, fazendo tudo o que podíamos para manter a Cassie o mais descansada possível, o Bernard, o veterinário, deu-lhe autorização para começar passeios curtos com a guia. Ela ainda não estava pondo muito peso na perna, mas pelo menos estava tentando. Ele esperava que ao deixá-la andar sobre ela, isto iria encorajá-la a colocar mais peso sobre ela, e ajudar a desenvolver alguma força nos músculos da perna.

A Cassie ficou tão empolgada da primeira vez que pus a guia e a levei para fora do portão dos fundos de volta para o grande e vasto mundo. A cauda dela estava abanando e ergueu-se enquanto eu a levava lentamente pela rua, e pela rua mais adiante em direção à Igreja. Calculei que levaria cerca de dez minutos para chegar à igreja e voltar para casa, por isso seria o passeio perfeito para a Cassie. Ela adorou, apesar de ter sido só por alguns minutos. Após a inatividade das duas semanas anteriores, ela deve ter sentido que a sua vida tinha recomeçado.

Mais checkups continuaram ao longo das próximas semanas e sua perna ficou mais forte a cada dia que passava, até que, finalmente, ela estava colocando a maior parte de seu peso sobre ela enquanto caminhava. A Cassie estava feliz, eu estava feliz e o Bernard estava feliz, tanto que ele deu-lhe a liberação, apenas quatro semanas após a operação, em vez das seis semanas que esperávamos. Ele especificou uma condição. A Cassie podia voltar aos passeios normais, desde que prometêssemos mantê-la na guia durante duas semanas até ela fazer o último checkup, e, se tudo estivesse bem, ela podia correr e brincar de novo.

Tudo correu como planejado e, exatamente seis semanas depois da operação, a Cassie voltou a correr e a brincar como se nada lhe tivesse acontecido. As pessoas ficaram espantadas por vê-la de volta tão cedo e tão cheia de vida. Tínhamos amigos cujos cães foram submetidos à mesma operação e nunca mais foram os mesmos depois. Eles, especialmente, ficaram surpresos com o poder de recuperação da Cassie, especialmente na idade dela. Enquanto a maioria dos cães pode estar desacelerando aos doze anos, a Cassie continuou tão em forma e pronta para ir como foi quando a adotamos pela primeira vez aos dois anos.

O pelo dela logo voltou a crescer e em pouco tempo não havia um único sinal visível de que a Cassie foi operada. Com o verão em pleno fluxo, a Juliet deu à sua pelagem uma boa tosa uniforme e seu novo pelo crescido na perna rapidamente misturou-se com a pelagem mais curta que a Juliet fez durante a tosa, então ela realmente parecia incrível.

A Cassie continuou surpreendendo todos os que a conheceram, com as pessoas que a conheciam pela primeira vez ainda pensando que ela era um filhote em vez de um cão adulto.

"Doze meses de idade? Oh! Não, ela tem "doze ANOS," era uma resposta típica da Juliet, embora houvesse muitas pessoas que ela conheceu pensarem que ela era ainda mais jovem, ainda um filhotinho.

Os cães são realmente muito incríveis já que a Cassie estava logo de volta fazendo todas as coisas que ela ama, e a operação logo se tornou uma coisa do passado distante.

Cassie, recuperação pós-operatória

11

PATAS, GARRAS E COISAS MALCHEIROSAS

VALE a pena uns minutos para contar sobre umas poucas coisas que tornam a Cassie um pouco incomum. Uma destas é os dentes, ou melhor, a falta deles! Desde a primeira vez que nós a adotamos, reparamos que a Cassie tinha dentes incomuns, na medida em que eram muito curtos, e em alguns casos faltando. Só podíamos atribuir isto a alimentação e cuidado insatisfatórios quando ela era jovem. Olhando para trás para o estado em que ela estava quando a nossa amiga Linda a resgatou pela primeira vez, era lógico supor que ela não foi bem alimentada e tenho quase certeza que o casal de idosos que a recebeu da Linda não pensou muito sobre os seus dentes ou o seu bem-estar. Olhando de perto para eles você pode facilmente imaginá-la, quando em seus primeiros anos de vida, talvez tentando abrir caminho através de uma cerca ou alguma outra superfície dura, e gradualmente triturando seus dentes.

Seja qual for a causa dos seus dentes incomumente configurados, isto nunca impediu a Cassie de apreciar um osso ou qualquer outra coisa projetada para os cães mastigarem. Na verdade, não há nada que ela goste mais do que um osso ou algo parecido para mastigar. Quando você considera o tamanho de sua boca, (muito pequena), é uma incrível que ela possa abrir suas mandíbulas o suficiente para caber até mesmo um pequeno osso em sua boca, mas, a Cassie consegue muito bem.

Pergunto-me muitas vezes se os cães que ela persegue no campo de jogos estão perfeitamente cientes de que o pior que a pequena "terrierista" perseguindo-os poderia fazer-lhes se ela se sentisse desagradável seria dar-lhes uma sugada totalmente feroz!

Já mencionei a pelagem dela antes? Talvez o tenha feito. Contudo definitivamente vale a pena mencionar novamente como ela é transformada durante os meses de verão, quando a Juliet lhe dá uma boa tosa e sua pelagem geralmente cinza e fofa se transforma em um belo design 'tigrado', com lindas listras de castanho dourado misturado com sua pelagem cinza total. Antes que a maioria dos nossos amigos se habituasse a vê-la assim, não era totalmente inesperado que aqueles que talvez só a vissem ocasionalmente perguntassem à Juliet ou a mim se tínhamos um cão novo. Eles então ficariam surpresos ao serem informados ser a Cassie. Bastante surpreendente a diferença que uma cuidadosa aparada pode alcançar em termos da aparência de um cão.

Agora, eu devo dizer que a Cassie realmente detesta ser tosada. A Juliet coloca-a na mesa de preparação e então torna-se uma batalha de vontades enquanto a Cassie faz o seu melhor para não cooperar enquanto a Juliet tenta fazê-la parecer bonita, ela não é um cachorro mimado! A Cassie podia ganhar a medalha de ouro nos Jogos Olímpicos dos cachorros inquietos! Quanto a ter as unhas cortadas, ela é igualmente pouco cooperativa, e é um pequeno milagre que ao longo dos anos, a Juliet sempre conseguiu realizar a tarefa sem sangrar à medida que o nosso furão louco se afasta ou pula de um lado para o outro em suas tentativas de evitar o cortador de unhas. Juliet perdeu a conta do número de vezes em que recebeu uma mordida rápida, ou uma sugada selvagem dessas mandíbulas enquanto trabalhava no furão louco, especialmente quando tentava tosar a cara. Então, claro, há a cauda, que a Juliet não apara demais, como não seria certo se a ela foi dada uma cauda fina e rala, mas a Cassie ainda encontra razões para opor-se e faz o seu melhor para surpreender e tentar morder a Juliet, ou pelo menos, o cortador elétrico de unhas.

Enquanto escrevo este capítulo, a Juliet, na verdade, tem a Cassie na mesa de preparação, dando ao cãozinho a sua tosa de verão. Sentado aqui na cozinha posso ouvir tudo o que está acontecendo na despensa, que funciona como o nosso salão de tosa e até então, eu já ouvi inúmeros xingamentos da Juliet, tais como "Você pequena s**t", já que a Cassie tenta mordê-la, "Mantenha-se quieto seu furão louco", enquanto ela pula da mesa de preparação, e outros termos de carinho, que tenho certeza que posso deixar para sua imaginação.

A seguir é claro, é a atitude anti-social geral da Cassie para com outros humanos. Embora ela possa ser tão afetuosa e amorosa conosco em casa, notamos muito cedo em sua vida que ela definitivamente tem uma aversão a ser acariciada ou tocada por estranhos. Porque ela parece tão bonita e fofinha, as pessoas são naturalmente atraídas por ela e muitas vezes vão tentar dar-lhe um afago ou, pior ainda, um carinho. A Juliet ou eu tivemos de explicar a muitas pessoas ao longo dos anos que a Cassie não se sente à vontade sendo tocada ou acariciada por pessoas que ela não conhece. Ela é até muito seletiva com aqueles que conhece, incluindo muitas pessoas que conhece há anos. Em sua mente, a Cassie provavelmente tem uma lista de pessoas altamente privilegiadas que ela permitirá se aproximar dela e tocá-la. Brincamos que ela é um pouco como a Rainha, considerando o quanto você pode se aproximar dela, você pode falar com ela, mas seu corpo é inviolável. Você pode olhar, mas não deve tocar! Talvez agora você compreenda a sorte que tivemos pelo Stuart estar obviamente na sua lista "A" naquele dia em que ela fez o ato de desaparecimento no terreno da escola local. Pelo menos ele conseguiu agarrá-la e colocar a guia nela quando ela estava perto o suficiente. Se tivesse sido 99% das outras pessoas, ela provavelmente teria virado as costas e fugido na direção oposta.

É obviamente decepcionante para as crianças que vêm às vezes até a Juliet e perguntam se elas podem "acariciar o cachorrinho" só para serem informadas que ela não gosta de ser tocada. O que nos faz rir é que se a Juliet está passeando a Cassie com, digamos o Digby e o Muffin, que gostam de ser afagados e acarinhados, crianças e até mesmo adultos que não conhecem eles irão evitá-los e não perguntarão se eles podem afagá-los, mesmo que eles gostem tanto de ser afagados e acarinhados. Será que por serem cruzas de staffy/springer? É uma pena quando as pessoas, involuntariamente, mostram os seus preconceitos com a raça dessa forma.

Quando se trata de comida, a Cassie é novamente muito determinada em suas opções. Ela passa as suas horas do dia na sala com a Penny, como mencionei anteriormente na nossa história, e nós também as alimentamos lá na hora do café da manhã. A refeição da noite é um assunto diferente, como descobrimos ao longo do tempo que a Cassie, a maravilha desdentada, come tão rápido que se as deixarmos juntas, ela devora a sua própria comida e, em seguida, intimida a Penny para fora do caminho e, em seguida, devora o resto da refeição da pobre Penny. Vale a pena salientar que a Penny, que tem em torno de 15 quilos tem mais do que o dobro do peso da Cassie (6,5 quilos na última pesagem), e em tamanho total ela é, pelo menos, duas a três vezes maior do que a sua companheira de quarto diurna.

Encontramos a solução para esse pequeno problema

alimentando a Cassie sozinha na sala e a Penny agora tem a sua refeição em paz no corredor, perto da porta da frente, protegida com segurança pelo portão de bebê que usamos para impedir que os cães cheguem às escadas. Só quatro deles são permitidos lá em cima na hora de dormir, mas nunca durante o dia.

* * *

Não posso terminar este capítulo sem mencionar a parte "malcheirosa" do título do capítulo. Sei, e o leitor certamente saberá que os cães tendem a sentir-se atraídos por coisas que nós, humanos, consideramos mal cheirosas. Você sabe o tipo de coisas que quero dizer, fezes de raposa, esterco bovino, esse tipo de coisas. No caso da Cassie, tais fragmentos nojentos de resíduos de outros animais agem como um ímã poderoso, tornando-se itens que o nosso cãozinho fofinho simplesmente não consegue resistir em rolar, transformando-a então num esgoto canino móvel. Ontem foi um exemplo perfeito do meu ponto de vista. (Enquanto escrevo, estamos em junho de 2018). Enquanto em sua caminhada da tarde com a Juliet, o Muffin e a Petal, que estavam se comportando, corriam e brincavam felizes juntos, a Cassie, como é normal, fugiu para explorar o matagal próximo situado ao redor do campo. Depois de alguns minutos ela reapareceu e alegremente veio pulando através do campo, tão rápido quanto suas patinhas poderiam carregá-la, parecendo muito satisfeita com ela mesma. À medida que se aproximava, como a Juliet me disse pouco tempo depois, quando voltou para casa.

> "Eu conseguia cheirá-la muito antes de ela me alcançar. Ela fedia demais. Quando a vi de perto, vi estar completamente coberta de coisas viscosas castanhas,

*como uma espécie de cocô líquido. Estava por toda a
pelagem, coleira, por todo o lado."*

A pobre Juliet deixou a infratora no jardim da frente
enquanto entrou pela porta dos fundos e me deu o Muffin e a
Petal. Ela então saiu para atender Madame Fedorenta. Ela fez o
seu melhor para tirar um pouco da coisa viscosa e fedorenta da
pelagem usando alguns lenços umedecidos, e depois levou a
Cassie lá para cima para lhe dar um banho.

Agora, dar banho na Cassie não é o trabalho mais fácil do
mundo. Ela escapa do próprio banho, desliza e joga água por aí,
e tem o hábito desagradável de decidir dar uma grande
sacudida no meio do banho, encharcando a Juliet até os ossos se
ela não vê isso chegando e sai do caminho a tempo. Ela pode ser
pequena, mas a Cassie sabe como fazer sentir a sua presença,
especialmente no que diz respeito à água. Para piorar as coisas,
ela estava tão malcheirosa ontem que, depois de enxaguá-la
com o chuveiro, a Juliet teve de lhe dar uma segunda limpeza
com o shampoo para remover os últimos vestígios persistentes
do que quer que fosse que ela tivesse conseguido cobrir-se.

Finalmente, ela estava limpa novamente, e a Juliet deu-lhe
uma secada rápida e, em seguida, deixou o calor do dia acabar
de secá-la. A Juliet não se importou muito, mas já tinha
planejado preparar, tosar e dar banho na Cassie hoje, por isso a
bruxa malvada teve um segundo mergulho na banheira hoje.
Pelo menos agora ela é o cão mais limpo da casa!

A imitação de suricato da Cassie

12

CARRAPATOS, VERMES E OUTROS MONSTRINHOS DESAGRADÁVEIS

ELA PODE SER PEQUENA, pode ser fofinha, mas a Cassie é, no fim das contas, uma cadela. Como tal, ela é, naturalmente, um alvo para todas as pragas habituais e pequenos predadores que tendem a atormentar a vida dos nossos cães de estimação. Como donos de cães responsáveis, certificamo-nos de que todos os nossos cães sejam regularmente "desverminados" para protegê-los dos suspeitos habituais, solitária, micose, etc.

Para a maioria dos nossos cães, isto não é um problema, contudo, a maioria dos nossos cães não é a Cassie. Enquanto a maioria dos nossos cães aceita alegremente os seus remédios para vermes, ou embrulhados em um pouco de cream cheese, ou em alguns casos, misturado com a sua comida, três dos nossos cães mais velhos são extremamente pouco cooperativos na época de desverminar.

A Cassie, o Dylan e a Penny davam a Juliet e eu o maior trabalho ao longo dos anos, quando se tratava dessa época, a cada seis meses. No caso do furão louco, tentamos de tudo para fazê-la tomar o remédio, normalmente com pouco ou nenhum sucesso. O que quer que fizéssemos, não importa como

93

tentássemos disfarçar o pequeno remédio que ela devia tomar, a Cassie rejeitava-o, e ele acabava no chão aos seus pés. Até enterrar o remédio no meio da porção de carne da sua refeição era inútil. A Cassie encontrava-o rapidamente, tirava-o e nós o encontrávamos no chão, ao lado da sua tigela, depois de ter acabado a refeição.

Supondo que ela não conseguiria rejeitá-lo se o triturássemos, misturamos o pó na sua refeição. Sucesso? Sem chance! Ela deixou a refeição completamente. Parecia que ela preferia morrer de fome do que tomar um remédio de vermes em qualquer estado ou forma.

Tentávamos dar-lhe a mesma refeição no dia seguinte, desta vez abafando-a num belo molho saboroso, feito só para a Cassie. Ela cheirava, lambia, pegava alguns bocados, e depois ... virava-se e a deixava outra vez!

Exasperação estava rapidamente se tornando o nome do jogo no que dizia respeito a Cassie e seu remédio para vermes. No final, eu a pegava, a segurava em meus braços, e a Juliet abria-lhe a mandíbula, (a Cassie grande e inofensiva ...hehe), e rapidamente inseríamos metade de um comprimido em sua boca e usando uma seringa de plástico, esguichávamos água em sua boca, e então mantínhamos a sua boca fechada e massageávamos sua garganta, até que ela sentisse a Cassie engolir, e na verificação, descobríamos que a metade de um vermífugo desapareceu. Agora tudo o que tínhamos de fazer era fazê-la aceitar a outra metade. Como você já deve ter percebido, a Cassie é uma cadela muito inteligente e apercebeu-se instantaneamente do que ia acontecer quando a Juliet a abordou com a outra metade do remédio na mão.

A Cassie começou a contorcer-se nos meus braços. "Ela sabe", disse eu, afirmando o óbvio.

"Sei que ela sabe", respondeu a Juliet. "Mas ela tomará a outra metade nem que isso me mate."

Aquilo foi mais fácil de dizer que de fazer, é claro. Além do fato de ela estar agora se contorcendo como uma minhoca num gancho nos meus braços, também manteve as mandíbulas firmemente fechadas. Apesar de seu tamanho diminuto, a Cassie mostrou o quão forte ela era ao resistir aos esforços da Juliet para abrir suas mandíbulas. Finalmente, após inúmeras tentativas, Juliet conseguiu abrir a boca da Cassie e seguimos o mesmo procedimento que antes, e finalmente, o vermífugo foi-se, seguindo seu caminho para o estômago da Cassie, onde ele poderia fazer o seu trabalho.

Obviamente, achamos totalmente inaceitável ter de enfrentar uma luta dessas sempre que precisávamos desverminá-la, então antes que o próximo agendamento para desverminação chegasse, juntamos as nossas cabeças numa tentativa de arranjar um método menos estressante para administrar o remédio da Cassie.

Nesta época, tínhamos começado a servir os comprimidos matinais da Sasha ou em um pouco de queijo cremoso, ou embrulhados numa pequena quantidade de patê cremoso de fígado de porco Tesco. Valia a pena tentar, então cortei o comprimido já pequeno em quatro quartos minúsculos e mais uma vez começamos a trabalhar, tentando fazer com que a Cassie aceitasse o seu "petisco especial" da Juliet.

A Cassie realmente tirou o primeiro pedaço da mão dela, mas, enquanto pensávamos termos encontrado um método bem-sucedido de dar o comprimido, ela de repente cuspiu o pequeno pedaço do comprimido. Droga ... deu errado outra vez. Foi uma questão de recomeçar. A Juliet e eu estávamos determinados a não ser superados pelo nosso pequeno terrier. De alguma forma, encontraríamos uma maneira de dar o vermífugo sem ter de o descarregar pela garganta abaixo, como antes.

O tempo passou, e a batalha para encontrar um método

pacífico de fazer com que a Cassie aceitasse seu vermífugo arrastou-se com o passar dos anos. O que quer que tentássemos, parecia que a Cassie sabia sempre quando os vermífugos estavam no menu. Quando tivemos de lhe dar analgésicos após a operação do ligamento cruzado, ficamos gratos pela medicação ser em forma líquida e poder ser facilmente administrada na sua comida.

Só depois de apresentarmos a Sasha a uma nova dieta para ajudar com a epilepsia é que finalmente descobrimos a solução para o problema. Sardinhas! Sim, depois de todos aqueles anos de luta e esforço para que o furão louco tomasse seu vermífugo, a resposta estava lá o tempo todo, sob a forma de um peixe pequeno e simples, vendido em latas em supermercados por todo o país.

Tínhamos sido aconselhados a substituir uma grande parte da comida habitual da Sasha por peixe oleoso, geralmente sardinhas e às vezes cavala. Estes peixes, ricos em óleo Ômega 3, provaram ser benéficos para cães com epilepsia canina durante um experimento realizado pelo Royal College of Veterinary Surgeons. Um dia, à medida que o tempo do vermífugo se aproximava de novo, tive uma ideia luminosa. Porque não dar à Cassie um pouco do molho de tomate com sabor de peixe das sardinhas da Sasha com o comprimido esmagado dentro? Certamente nem a Cassie conseguiria farejá-lo entre o forte cheiro combinado de peixe e molho de tomate. A Juliet pensou sobre isso e disse, "Bem, como ela está progredindo um pouco, e ela teve aquele problema com sua perna traseira, por que não ir um passo mais longe e dar-lhe uma sardinha de verdade com sua refeição? O óleo Ômega 3 será bom para ela e juntos, o sabor e o cheiro do peixe e o suco deve mascarar o vermífugo."

"Boa ideia", respondi eu. "Se isto não funcionar, voltaremos à estaca zero."

Então, está na hora de soarem os tambores, pessoal. Chegou a hora da refeição canina. Esmaguei o comprimido da Cassie. Misturei-o com uma sardinha e muito do bom molho de tomate da lata e misturei tudo com a sua comida habitual, e ... EURECA! Ela comeu tudo e eu e a Juliet ficamos extasiados. Depois de anos de luta e esforço com ela para tentar conseguir algo tão simples como um comprimido de vermífugo passando-lhe pela garganta abaixo, tínhamos finalmente encontrado a fórmula vencedora. Graças a Deus pelas sardinhas em molho de tomate. É claro que seguimos com esse procedimento e já não temos problemas com a Cassie e os seus vermífugos, apesar de termos problemas semelhantes com o Dylan e a Penny.

Adivinha? Sim, depois de termos sucesso com a Cassie e as sardinhas, tentamos a mesma coisa com os outros dois tomadores de comprimidos e tivemos sucesso imediato. Época de vermífugo tornou-se agora menos estressante já que nenhum dos nossos outros cães têm problema para tomar seus comprimidos. A paz reina suprema na época do vermífugo!

* * *

Um pequeno "nojento" com o qual a Cassie é regularmente atormentada são aqueles botõezinhos horríveis e grudentos que são como pequenas saliências que se agarram a pelagem de cães de pelo comprido. Cassie por ter pelo macio, comprido e estar tão perto do chão, é especialmente propensa a tê-los presos a seu pelo quando está fora em um passeio ou enquanto corre e brinca na grama. Aquelas coisas também afetam o Dylan. Quando qualquer um deles chega em casa de um passeio no verão, muitas vezes a Juliet ou eu levamos até meia hora para percorrer o nosso caminho através de suas pelagens, lentamente removendo cada uma dessas pequenas saliências à mão, uma de cada vez. É a única maneira de os tirar de lá sem lhes tirar o pelo e machucá-los. Claro, onde há grama há sempre a possibilidade de algo ainda mais nojento do que botões grudentos para cuidar.

A Cassie foi atacada duas vezes por carrapatos horríveis. A primeira vez, há dois anos, não tínhamos certeza do que era. A Juliet voltou de um passeio e eu inclinei-me para dar à Cassie um afago e retirar-lhe a guia.

Enquanto corria a minha mão pelas costas dela, senti algo grudando entre as suas omoplatas. Pensando ter um espinho fincado no pelo por causa dos furões perto dos arbustos, olhei mais de perto.

"Juliet, venha dar uma olhada", eu disse quando percebi o que era. "Acho que a Cassie tem um carrapato."

"Sim, ela tem", confirmou a minha mulher. "É melhor nos livrarmos dele depressa."

Felizmente, a nossa caixa de primeiros socorros canina, que montamos ao longo dos anos, continha um removedor de carrapatos, embora nunca tivéssemos tido motivos para usá-lo até aquele dia. Como sempre, nada era tão simples como devia ter sido no que diz respeito à Cassie. O nosso furão louco viu a caixa de primeiros socorros sendo tirada da gaveta onde a guardávamos na despensa, e, como se ela soubesse exatamente o que estava prestes a acontecer, a esperta e pequena terrier fez o seu melhor para sair furtivamente para a sala ao lado. Eu vi o que ela estava fazendo e rapidamente fechei o portão que nos permite isolar a cozinha da despensa, se necessário.

"Vamos lá, Cassie Lou," disse eu, usando outro dos nossos pequenos apelidos para ela. "Temos de nos livrar daquela coisa nojenta antes que possa causar uma infecção e fazer de você uma menininha doente."

A Cassie olhou para mim como se entendesse o que eu estava dizendo. Talvez fosse o som gentil, suave que pus na minha voz para tranquilizá-la, e ela veio para mim e deixou-me pegá-la. Sendo tão pequena, não era prático para a Juliet ou eu nos ajoelharmos para tentar remover o carrapato enquanto ela estava no chão. Nunca conseguiríamos que ela ficasse quieta o tempo suficiente para fazer o trabalho.

Enquanto eu a segurava nos meus braços, a Juliet aproximou-se dela com a ferramenta de remoção de carrapatos, um longo braço de plástico com um laço de arame no final, adequado para encaixar sobre a parte exposta do monstrinho desagradável. A Cassie decidiu, por uma questão de princípios, tornar o trabalho mais difícil do que precisava ser, ao começar a contorcer-se nos meus braços.

"Mantenha ela quieta", mandou-me a Juliet.

"Estou tentando, mas ela está se mexendo demais."

"Fica quieta, Cassie", ela mandou. Como se o furão louco fosse reparar nisso!

Finalmente, eu consegui que a Cassie se mantivesse relativamente quieta em meus braços e, seguindo as instruções da embalagem do removedor de carrapato, ela escorregou a ferramenta sobre a parte exposta do carrapato, e em seguida, exercendo uma pequena quantidade de pressão sobre o braço da ferramenta, ela fechou o laço de fio sobre o corpo e apertou-o tão firmemente quanto possível. Era importante, as instruções diziam que, para garantir que todo o carrapato fosse removido e nenhuma partes fosse deixada no corpo do cão, então, primeiro de tudo a Juliet tinha que garantir que ela não apertasse demais o laço de fio porque caso, os carrapatos fossem cortados, deixando suas partes de alimentação sob a pele, o que quase certamente provoca uma infecção. Agora veio a parte "nojenta". Usando uma ação de torção firme, mas suave, e puxando para cima ao mesmo tempo, Juliet gradualmente puxou o pequeno sanguessuga para fora do corpo de Cassie. Quando ele saiu das costas da Cassie, ficamos ambos surpreendidos com o tamanho dele. Era menor que esperávamos, e difícil de imaginar quanto dano ele poderia ter causado se tivesse sido deixado para se alimentar do sangue da Cassie sem ser removido.

No entanto, a remoção do carrapato foi apenas a primeira fase do processo. Depois de removê-lo do corpo da Cassie, o importante agora era livrar-se dele. Ele teve de ser morto para impedir que se prendesse a outro cão ou animal. Segurando-o no laço, levei o carrapato para fora e soltei-o, colocando-o no chão à minha frente. Nem sempre é possível matar um carrapato só pisando nele, as instruções explicavam claramente. Era essencial esmagá-lo com algo pesado, então pedi à Juliet para me passar um martelo da gaveta das ferramentas. Então dei ao parasita ofensivo uma "pancada" forte com o martelo e podia jurar que ouvi o seu corpo empanturrado de sangue estalar quando o martelo extinguiu a sua vida. Não querendo correr riscos, eu então lavei a laje de pavimentação onde fiz a façanha com água fervendo e água sanitária para garantir que não restasse nenhum vestígio do carrapato ofensivo.

Em todos os anos que vivemos aqui, este foi o nosso primeiro encontro com um destes desagradáveis pequenos sanguessugas parasitas, talvez surpreendentemente. No entanto, poucos meses depois, a Cassie saiu e conseguiu outro! Isto só podia ter acontecido ao nosso furão louco. Felizmente, estávamos agora bem familiarizados com o procedimento para remover as pequenas pragas, e desta vez, a Cassie pareceu muito mais cooperativa e conseguimos remover este com muito menos confusão do que tínhamos enfrentado com ela com o primeiro. Logo nos livramos do segundo carrapato e muito para nosso alívio, a Cassie nunca mais foi incomodada por eles e nem nenhum dos nossos outros cães.

* * *

Uma praga que nunca incomodou a Cassie ou nenhum dos nossos cães, são as pulgas. Considerando que temos onze cães, você pode achar isso bastante surpreendente, como achamos no passado. Podemos apenas supor que os cuidados regulares e a vigilância constante se combinaram para manter a nossa casa numa zona proibida no que diz respeito às pulgas. Lembro-me de um ano, um dos nossos cães, (não a Cassie) foi considerado como tendo um pequeno problema de pulgas, mas a administração rápida de um medicamento para matar pulgas lidou com o problema em menos de vinte e quatro horas. Um segundo problema apareceu com outro dos nossos cães algum tempo depois foi tratado de uma forma semelhante e nós permanecemos uma "zona livre de pulgas" desde então.

É realmente incrível que a Cassie tenha atingido agora a idade de quatorze anos e tenha tido tão poucos problemas com sua saúde ou com os parasitas comuns que afetam a vida dos cães. A sua história, no entanto, ainda não terminou já que este ano, ela decidiu dar-nos motivo de preocupação mais uma vez.

13

LÁ VAMOS NÓS OUTRA VEZ

À MEDIDA que 2017 chegava ao fim, e o Natal se aproximava, ficamos surpresos quando uma noite a minha enteada mais nova, a Victoria, chegou em casa da faculdade e disse a Juliet,

"Mãe, você precisa vir aqui fora agora, por favor."

"Porquê, o que houve?" a Juliet respondeu.

"Não houve nada. Só preciso que venha aqui fora um minuto."

Juliet, não muito satisfeita por ser arrastada para longe do que estava fazendo, seguiu a Victoria até lá fora e perguntei-me o que poderia ter acontecido. Uns minutos depois, a Juliet voltou para casa carregando ... um filhotinho!

O pacotinho estava embrulhado num cobertor e a Victoria seguiu de perto por trás da mãe com uma cama confortável para cães pequenos e um saco contendo um par de brinquedos para cães, um brinquedo fofinho e alguns outros itens necessários para um novo filhote.

O filhote era muito fofinho e bonitinho como os filhotinhos normalmente são, mas a Juliet e eu ficamos bastante zangados com a Victoria no início. Ela perguntou-me muitas vezes se podíamos ter um filhotinho nos últimos meses e eu e a Juliet tínhamos-lhe explicado que não queríamos mais cães. Afinal, não estamos ficando mais jovens e alguns de nossos cães já são da idade canina equivalente a idosos aposentados, de modo que a última coisa que qualquer um de nós precisava era de um filhotinho e de todo o trabalho que vinha com ele, como treinamento, alimentação, treinamento de comandos, socialização, e qualquer outra coisa que você pode pensar associadas a cuidar de um filhote.

A Victoria insistiu que o filhotinho era o presente de Natal dela para a mãe, e ela estava resistente em levá-lo de volta para onde o comprou, não é? Ela havia poupado seu salário do trabalho de meio período para comprar o cão. Ela tinha-nos enganado de verdade, como sabia que faria. O filhotinho, a quem ela nos disse que se chamava Honey era, de fato, uma bela cruz cor de mel da raça que a Victoria disse ser uma Staffy/Jack Russell Cross. Desde então, temos dúvida sobre a linhagem dela já que quanto mais tempo tivemos a Honey, (ela tem quase 9 meses no momento em que escrevo), e por mais que tenha crescido, ela não parece estar ficando nem um pouco mais alta. A Juliet e eu estamos convencidos de que há algum dachshund por lá, em algum lugar. Quando as pessoas a conhecem pela primeira vez, e perguntam que raça ela é, nós agora brincamos, "ela é uma vedação de porta terrier." Bem, ela é ótima em manter as correntes de ar de fora se ela se deitar na frente de uma porta.

Todos os cães aceitaram o filhotinho na família desde o primeiro dia, com a Sasha especialmente encontrando um lugar especial para a Honey em seus afetos, e, na verdade, ela imediatamente a "adotou", a Sasha se tornando uma espécie de mãe substituta, tanto quanto ela fez alguns anos atrás, quando trouxemos filhotes para a casa pela última vez. Naquela ocasião, ela adotou o Muffin, a Petal e o Digby, que chegaram todos da mesma ninhada, desde o momento em que chegaram a nossa casa.

Eu disse que todos os cães aceitaram a Honey desde o início? Bem, houve uma pequena exceção a essa afirmação. A pequena Cassie, que era maior que a Honey quando chegou, parecia um pouco mais lenta do que os outros em aceitar a sua nova companheira de matilha. Talvez tenha algo a ver com o fato de que aqui, finalmente, estava outro cão que competia com ela quando se tratava de participações com energia incontida. A Honey, como a maioria dos filhotes provavelmente é, era tão cheia de vida e energia que ela poderia rapidamente cansar qualquer dos outros cães que brincavam com ela, contudo a Sasha conseguia controlá-la, mais do que a sua verdadeira mãe teria feito, e quando a Sasha achava que era suficiente, ela mostrava a Honey por sua linguagem corporal e o filhotinho sabia ser hora de parar.

Com o passar do tempo, a Honey continuou a crescer, ela rapidamente ultrapassou a Cassie em tamanho, e agora, com quase nove meses no momento em que escrevo, a Honey está com cerca de 13 quilos, enquanto a Cassie permanece em algum lugar na região de 6,5 quilos, dificilmente um peso pesado. Talvez seja por isso que, de todos os cães, a Cassie parece dar a Honey um amplo espaço, visto que ela esteja com um pouco de medo da recém-chegada, embora medo não seria a palavra certa para usar. Eu seriamente não acho que a Cassie tema nenhum cão, talvez ela mantenha um respeito saudável pela Honey.

Filhotinho Honey

A FRASE "SEM MEDO" certamente vem à minha mente quando descrevo o último incidente na vida da Cassie, um incidente que a fez ser operada novamente.

Tudo começou uma noite, quando estávamos todos relaxando na sala. De repente, do nada ou assim parecia, dois dos cães, o Digby e a Sheba decidiram brigar. Como qualquer um que possui vários cães sabe, tais pequenas altercações são bastante comuns e geralmente podem ser descritas como sendo "nada sério" em termos de gravidade. Eu e a Juliet estávamos meio dormindo quando o incidente começou, era perto da hora de dormir e ambos estávamos muito cansados depois de um longo dia. Nós dois saltamos de nossos lugares e separamos os dois cães que estavam "brigando" como um par de Lutadores de Sumô, mais do que um par de lutadores de boxe, com um monte de poses e agarrando-se uns aos outros, sem morder ou causar qualquer dano. Em outras palavras, foi muito barulho por nada, ou melhor, teria sido se de repente não reparássemos, debaixo dos dois cães brigões ... sim, você adivinhou, a Cassie! De alguma forma, o nosso furão louco saltou para a briga e ficou preso debaixo dos dois staffies. Se não fosse tão perigoso para ela, teria sido engraçado. Lá estava ela, atirando-se no meio de uma briga entre dois cães muito maiores, sem pensar no fato de que ela não tinha, nem de longe, seu tamanho ou força.

Quando separamos os dois cães maiores, Cassie de repente disparou debaixo deles ou por medo, (?) ou pânico, ela saiu da sala em alta velocidade e se aproveitou do fato de que o portão de bebê na base das escadas não estava totalmente fechado e ela correu escada acima em alta velocidade, e foi-se em um flash. Fui lá para cima procurá-la e fiquei surpreso por encontrá-la na nossa cama. Como ela conseguiu saltar a altura da nossa cama nunca saberei, mas considerando o que descobrimos mais tarde, o salto que ela deu deve ter sido um fator no que se seguiu.

Peguei a e levei-a lá para baixo, e quando a pus no chão vimos alguns cortes, ou pequenas marcas de dentadas nela, onde ela conseguiu ser apanhada debaixo dos dois cães em guerra, ambos estavam totalmente ilesos, claro.

"Menina tola, Cassie", eu disse-lhe, e depois, enquanto ela se distanciava hesitante no jardim, reparei que ela estava mancando um pouco. A Juliet e eu pensamos que ela provavelmente distendeu um músculo ou um tendão no seu voo escada acima e decidimos vigiá-la de perto durante os próximos dias para ver como é a perna dela progredia.

Nos dias seguintes, o mancar da Cassie, longe de melhorar, parecia crescer de forma mais acentuada. Tive o medo persistente de que já tivéssemos estado aqui antes e que a Cassie pudesse ter lesionado o ligamento cruzado, desta vez na perna direita. Decidimos dar-lhe mais uns dias e se não víssemos sinais de melhora, nós a levaríamos ao veterinário, o que, é claro, acabei por fazer três dias depois.

A veterinária examinou-a de perto, bem de perto, e decidiu serem necessários raios-x para confirmar o diagnóstico, mas sim, ela concordou com a minha avaliação de que, muito provavelmente, a Cassie lesou o ligamento cruzado. Combinei de levá-la de volta bem cedo no dia seguinte, quando a Cassie seria anestesiada para fazer os raios-X. Quando fui buscá-la mais tarde naquele dia, a veterinária mostrou-me os raios-x, e o diagnóstico foi confirmado.

Ela explicou que os raios-x foram encaminhados para um cirurgião ortopédico consultor em Manchester, que concordou com o diagnóstico. Infelizmente, os danos no ligamento da Cassie eram bastante extensos e exigiam implantes na perna para ajudar a corrigi-los, por isso seria uma operação diferente daquela que ela sofreu dois anos antes.

"Só podia acontecer com a Cassie", exclamou a Juliet quando lhe expliquei tudo.

"Sei", eu concordei. "Agendei - a para a operação na próxima quarta-feira. É o primeiro dia em que o cirurgião pode vir de Manchester. Devemos estar lá com ela às 8h15 da manhã e ele colocou-a em primeiro lugar na sua lista. O veterinário salientou que, devido à idade da Cassie, há um risco maior associado à operação, já que ela estará sob anestesia durante um bom tempo, mas o cirurgião diz que está confiante que ela ficará bem devido aos seus incríveis níveis de saúde. Além disso, se não o fizermos, ela terá dores e mancará para o resto da vida."

"Temos de fazer isto", concordou a Juliet. "Você consegue imaginar o quão triste e infeliz a Cassie ficaria se não pudesse correr e brincar?"

Então foi isso, tudo combinado. Claro que não podíamos deixar de concordar que isto tudo podia ter sido evitado se a Cassie não tivesse decidido entrar em modo "furão louco" e entrar em ação quando os dois cães maiores tiveram a sua altercação. Eles devem pelo menos tê-la assustado, porque ela normalmente nem sequer tentaria subir as escadas, para uma parte da casa a que não tem acesso. Subir as escadas a toda a velocidade nas suas perninhas minúsculas, ou dar um salto incrível para um cão do tamanho dela, para a nossa cama, obviamente fez o estrago. Aquilo era típico da sorte da Cassie. Ela estava ilesa por se envolver na queda do Digby e da Sheba, mas conseguiu romper seu ligamento enquanto fugia!

Enquanto isso, até o dia de sua operação, ela estava restrita a caminhadas curtas com a guia e estava sob analgésicos. Já banida de correr e saltar, a nossa pequena Cassie estava claramente deprimida e não podíamos esperar que a quarta-feira seguinte chegasse para que o processo de cura pudesse começar ... de novo!

14

A OPERAÇÃO DA CASSIE

A QUARTA-FEIRA CHEGOU e lá fui eu às 8 da manhã com a Cassie no banco de trás do carro. Fizemos mudanças em nosso carro desde a primeira operação e devo dizer que ela parecia muito minúscula e patética na parte de trás do bagageiro do nosso Citroën Xsara Picasso. Estando no início do dia, o trânsito estava tranquilo, então a viagem para o consultório do veterinário só levou cerca de dez minutos. A Cassie foi chamada quase imediatamente após a nossa chegada e eu assinei os vários documentos para permitir que a operação prosseguisse. Eu não pude deixar de sentir um déjà vu, quando saí novamente do consultório, sem a nossa pequena Cassie. Mais uma vez, ela parecia tão patética quando eu a deixei, com a enfermeira segurando a sua guia, e sua pequena cauda de repente parou de abanar quando ela percebeu que eu não ia levá-la comigo.

Senti-me tão culpado, apesar de estar fazendo algo que acabaria por ajudá-la. Ver como a Cassie reagiu ao fato de eu a ter deixado naquela manhã também me sugeriu outro pensamento, totalmente alheio aos acontecimentos daquele dia, ou não? Foi a ideia de que eu, como tenho a certeza que muitos de vocês, também, lemos tantas histórias nas redes sociais sobre cães serem levados para abrigos ou centros de resgate e serem despejados lá por proprietários sem escrúpulos. Eu não estou falando sobre aqueles que não têm escolha, devido a dificuldades financeiras, ou problemas graves de saúde, dificultando para o proprietário cuidar de seu cão, mas quero dizer aqueles onde um cão está ficando velho e sem nenhuma boa razão de seus proprietários decidem que não podem mais ser incomodados com o cuidado com eles, e então eles simplesmente abandonam seus cães à própria sorte, muitas vezes, deixando-os em abrigos com alto índice de eutanásia (nos EUA), onde eles devem saber que o seu cão irá com toda a probabilidade ser colocado para dormir em vez de ser adotado. Repito, como podem fazer tais coisas? Eu ia trazer a Cassie de volta em algumas horas, no entanto, só de ver o seu olhar naquela manhã, senti-me como um assassino em série, sofrendo de um forte ataque de remorso e culpa. Coisas pesadas, não é?

Então, eu estava sentado ao lado do telefone depois do almoço, o veterinário prometeu que eu teria notícias deles, quando a operação fosse concluída e Cassie estivesse consciente novamente. Quando o veterinário ligou, as notícias eram boas, e eu senti como se tivesse tirado um grande peso dos ombros. Admito, eu estava mais preocupado do que pensava sobre a Cassie ser operada devido à sua idade, mas, ela é uma menininha forte e passou por tudo bem.

Fui buscá-la mais tarde naquela noite e voltei à mesma rotina da sua operação de ligamento cruzado anterior, seis semanas de descanso, e nada de passeios até que o veterinário estivesse satisfeito por ela poder colocar um peso significativo na perna. Como da última vez, a Cassie estava muito grogue da anestesia no início e, provavelmente, por ser uma operação mais complicada, ela levou mais tempo para se recuperar completamente dela. Ela passou os dois primeiros dias após a operação descansando na sua cama, o que foi uma surpresa para nós, mas uma boa, na verdade, pois significava estar tendo o descanso que precisava.

O terceiro dia viu uma grande diferença, no entanto, como, quando descemos as escadas logo pela manhã, a pequena Cassie já estava de pé e, ainda que com três pernas, perambulando pela sala de estar onde ela estava claramente em busca de café da manhã! Ela mal comeu durante dois dias, mesmo quando literalmente pusemos a tigela de comida na sua cama ao lado dela. Agora, ela estava mais parecida com a nossa Cassie outra vez e ela realmente devorou o café da manhã. Como aconteceu, a Cassie melhorou muito rapidamente, figurativamente falando como seriam algumas semanas até que ela receber o sinal verde para correr e brincar novamente.

Apesar do que aconteceu com ela, a Cassie não mostrou nervosismo ou medo quando foi reintroduzida ao resto dos cães. Como sempre, sua mega atitude viu Cassie rapidamente reafirmar-se quando o resto da matilha foi autorizada a entrar na sala à noite. Em vez de se esconder no seu lugar habitual debaixo da mesa de café, ela tomou a cama que tínhamos ao lado da minha poltrona, onde a Sasha normalmente passava a noite cochilando perto de mim. Se algum cão, incluindo a Sasha, invadisse o espaço ao redor da cama, ela rosnaria ou lhes daria um de seus latidos marca registrada, mais como um guincho realmente, e todos logo aprenderam a deixá-la em paz enquanto ela lentamente se recuperava.

Após a operação anterior, a Juliet e eu nos sentimos como um par de mãos experientes na supervisão de sua recuperação, e não demorou muito até que ela recebeu o sinal verde para retomar os passeios curtos com a guia, e um par de semanas mais tarde, o veterinário declarou que ela estava apta a retornar às suas atividades normais, desde que sua execução fosse limitada a curtos períodos para começar. A Cassie estava tão feliz e assim que ela foi liberada da guia no campo de jogos após uma ausência de seis semanas, foi como se nunca tivesse estado fora. As pernas dela voaram sobre a grama enquanto ela corria até perder o fôlego com a alegria pura de poder correr e brincar de novo. Foi tão bom vê-la aproveitar a vida outra vez.

Foi nesta época que uma amiga minha no Facebook, Kath Bradbury, fez um gesto extremamente generoso do qual a Cassie se beneficiou. Tendo comprado uma roupa nova para o seu cão, Poppy, a Kath descobriu ser muito pequena para ele e, sabendo que tínhamos alguns cães, ela gentilmente perguntou-me se seria adequado para algum da nossa família canina. Fiquei tão comovido com a generosidade dela e muito grato quando ela me enviou a roupa e ela provou ser perfeita para a pequena Cassie. Foi um gesto adorável e a Juliet e eu certamente não esqueceremos tão cedo.

Esperávamos que a Cassie tivesse aprendido uma lição com o último incidente, e talvez se mantivesse fora do caminho no futuro, se algum dos cães maiores tivesse um desentendimento. Infelizmente, a Cassie não consegue manter o seu narizinho fora da vida dos outros, como ilustra o último incidente que aconteceu ao nosso furão louco.

* * *

Foi uma linda manhã ensolarada, ainda ontem. A Cassie pediu para sair, precisava ir ao banheiro, por isso deixei-a ir para o jardim dos fundos comigo e com alguns dos outros cães. Um pouco depois, a Juliet chegou em casa com, o Digby e a Honey, que saíram para o seu passeio matinal. Enquanto ela entrava pelo portão, a Cassie começou a "reclamar" com uma série de seus inconfundíveis latidos. Por alguma razão, isto parecia provocar um desentendimento entre o Digby e o

Muttley que se envolveram no que eu descreveria como outro daqueles desentendimentos, tipo "nada sério". Eles pareciam um par de cangurus boxeadores. Olhando para trás, temos quase certeza de que a onda de calor atual foi um fator que contribuiu para o que ocorreu, já que o calor está certamente fazendo não apenas cães, mas pessoas bastante "irritadas" no momento.

Se a Cassie tivesse se mantido afastada, nós os teríamos separado rapidamente e o assunto teria terminado lá, mas não, a Cassie, como sempre acreditando ser tão grande e forte como os outros cães, decidiu envolver-se e voou para se juntar à briga. Antes de percebermos, ela foi arrastada de alguma maneira para debaixo do Digby e do Muttley e estava dando o seu grito agudo de pânico. Quando conseguimos livrá-la da situação, ela estava coberta de inúmeras mordidas e arranhões, na maioria muito pequenos, mas havia algumas mordidas maiores que nos preocuparam muito. O Digby tinha um arranhão na cara e o Muttley tinha um dente solto. Como sempre parece acontecer, a pobre Cassie saiu pior.

Claro que a Cassie precisaria de tratamento veterinário urgente, já que estava sangrando muito. Telefonei ao veterinário que me aconselhou a levá-los imediatamente. Já estava me culpando, porque a Cassie normalmente passa a maior parte do dia na sala com a pequena Penny, mas claro, tive de permitir que ela saísse para fazer suas necessidades.

Juliet rapidamente embrulhou a Cassie em uma grande toalha de banho e nós carregamos ela e o Muttley na parte de trás do Citroën. Em 10 minutos de carro e estávamos no veterinário, onde fomos atendidos imediatamente. Eles foram atendidos pelo veterinário sênior, gerente da clínica que, muito sensatamente, afirmou que não podíamos e não devíamos culpar os outros cães pelos ferimentos da Cassie. Enquanto a Rebecca me disse no momento, "os cães brigam às vezes". Em dez minutos eles geralmente são melhores amigos novamente. Todos sabemos como é a Cassie e ela não entende ser menos da metade do tamanho do Muttley e do Digby."

Depois de tantos anos como resgatadores e proprietários de cães nós nunca devíamos ter culpado os outros cães de qualquer maneira, (exceto uma vez, anos atrás, com a Sheba, quando ainda estávamos realmente aprendendo a lidar com uma matilha de cães), mas foi bom ter essa garantia de um veterinário sênior.

Claro que tive de deixar os dois cães na cirurgia. A Cassie precisou de vários pontos e o Muttley precisou de pontos na sua gengiva e teve o dente canino removido. Tendo perdido um dos seus dentes caninos há alguns anos, isto significa que o nosso pobre Muttley está agora "desdentado", como a Juliet disse. Voltei para casa, onde passamos algumas horas de preocupação à espera de notícias sobre os nossos dois cães internados. Quando o telefonema veio dos veterinários, foi com notícias misturadas.

Mais tarde naquele dia, consegui trazer o Muttley para casa, mas tive de levar a Cassie para passar a noite em observação com os veterinários. A operação dela ocorreu mais tarde naquele dia e ela ainda estava tomando soro quando o veterinário fechou, por isso, foi recomendado um pernoite. Então, quando recolhi o Muttley, fui confrontado com a viagem até o outro lado da cidade para a clínica veterinária "fora do expediente", onde a Cassie passaria a noite sob observação. Tendo estado na Clínica de pernoite de emergência há três anos, quando a Sasha estava gravemente doente, depois de ter sofrido treze crises epiléticas em 24 horas, eu sabia o meu caminho e também sabia que a Cassie receberia os melhores cuidados do veterinário e do pessoal das instalações de pernoite. Liguei para a clínica pouco antes de ir para a cama à meia-noite para verificar o seu estado e fui informado pela enfermeira veterinária que respondeu ao meu telefonema que a Cassie estava indo muito bem e comeu não um, mas DOIS jantares mais tarde, naquela noite. Parecia que ela estava indo muito bem para mim.

Voltei à clínica de pernoite às 7h30 da manhã seguinte para buscá-la e levei-a diretamente ao nosso veterinário para ser examinada novamente. Tive de a deixar mais uma vez, já que eles queriam que ela tivesse muito descanso e mais analgésicos, mas havia uma chance de a levar para casa à noite. Foi um dia longo e quente, porque a onda de calor do verão está bastante implacável este ano e foi quase impossível esfriar ou relaxar adequadamente, já que esperei mais uma vez pelo telefonema que me dissesse se podia ir buscar a Cassie e trazê-la para casa naquela noite. Quando o telefonema chegou, eram boas notícias, e fui informado que podia ir buscar a Cassie às 18h.

Depois de receber o telefonema, o tempo pareceu passar um pouco mais rápido e logo era tempo de voltar para a clínica veterinária e desta vez pude trazer a Cassie para casa, já que ela fez um progresso muito bom durante o dia. Eu tinha instruções muito rigorosas, no entanto, e tivemos que mantê-la quieta e descansada, o que, devido aos analgésicos que lhe foram dados, não foi muito difícil, pois ela estava muito dopada e não podia realmente levantar-se sem ajuda. Como explicou o veterinário.

"Os medicamentos que lhe demos são bastante fortes, por isso, ela provavelmente deve estar vendo elefantes cor-de-rosa agora."

Telefonei para a Juliet da clínica e pedi-lhe para colocar a cama da Cassie na entrada da casa, para podermos mantê-la isolada durante a primeira noite em casa, para que ela pudesse descansar bastante. Quando estivéssemos todos prontos para dormir, podíamos mudar a cama dela para a sala, onde ela podia passar a noite no seu lugar habitual, apenas com a Penny como companhia.

Como planejado, a Cassie passou uma noite tranquila na sua cama, e na hora de dormir passamos pela nossa rotina habitual, com todos os cães indo ao jardim dos fundos antes de dormir. Com todos os outros acomodados nas suas camas, Juliet e eu fomos para a cama, acompanhados pelo Muffin, a Petal e o Digby, e claro, a Sasha que dormem no nosso quarto. Os outros passaram reto pela Cassie na cama dela, mas a Sasha parou e abaixou-se, com a cauda abanando, como se fosse dar um beijinho canino na Cassie. Imagina a nossa surpresa quando a Cassie de repente mostrou os dentes, se esticou e deu à Sasha um latido rápido e agudo na cara dela, fazendo a pobre Sasha saltar para trás em choque. Não podíamos acreditar. Aqui estava a Cassie, que acabava de voltar do veterinário, parecendo que passou por dez rounds com o Mike Tyson, e mesmo assim não resistiu a dizer à Sasha que invadiu o seu espaço. Tivemos de rir. O nosso "Furão louco" estava bem e verdadeiramente em casa!

Desde então, a Cassie voltou ao veterinário para duas checagens pós-operatórias e estou encantado em dizer que o veterinário ficou muito satisfeito com ela. Ela tem de usar uma espécie de atadura corporal no momento, mas isto é só para ajudar a prevenir infecções nas feridas.

As enfermeiras da veterinária, que estão todas loucamente apaixonadas pela Cassie. (*"Ela não é uma pequena alma calma?"* acho que ela é o "máximo", mas esta é a primeira vez que ouço a Cassie ser descrita como *tranquila*. Sempre que a levava até lá, elas divertiam-se a vesti-la com um body corporal diferente em cada ocasião. A mais recente tem um padrão de pele de girafa, enquanto ela já teve uma estampa floral e um desenho da vida selvagem. Tenho de admitir que a Cassie é a paciente perfeita na clínica, embora estejam todos espantados quando lhes digo que em casa, a Cassie não mudou nem um pouco e ainda está determinada a colocar ordem no poleiro e está de volta para mandar todos embora se invadirem o espaço dela. Claro que isto deixa a Juliet e eu bastante nervosos depois de tudo o que aconteceu e agora sabemos que teremos de vigiar a Cassie de muito perto no futuro para a sua própria segurança.

Em uma semana ou duas, o veterinário prometeu que a Cassie pode voltar à vida normal; seus pontos serão removidos e ela será novamente solta no campo de jogos da cidade, onde mais uma vez, e para o futuro previsível, a Cassie, o furão louco e a bruxa malvada do oeste, estará novamente correndo, perseguindo, roubando bolas, e, em geral, sendo a fonte de grande alegria e diversão para nós, e para todos que a conhecem, ou a encontram pela primeira vez.

Quando lerem isto, a história dela até agora, tenho a certeza que ela voltará ao seu melhor, e a história da Cassie continuará por muito tempo. Ela pode estar avançando em anos, mas não há sinal de ela desacelerar ou mudar a sua atitude para com os outros, cães maiores, então parece que, no que diz respeito à Cassie, ela ainda é a "chefe" e parece para aqueles de nós que a conhecem e amam, ela sempre será.

Um presente da Kath e do Poppy

15

O FUTURO?

COMO TODOS SABEMOS, é impossível prever com precisão o futuro, mas no caso da Cassie há algumas coisas que são certas. A nossa "gestão" diária do seu lugar na nossa casa continuará inalterada. Ela continuará passando seus dias na sala com a Penny, onde o par será acompanhado com frequência por mim e a Sasha já que escrevo bastante sentado no sofá, com a Sasha ao meu lado.

Quanto às noites, já introduzimos um regime mais rigoroso, já que não queremos que a Cassie execute mais o seu ato de "enguia" nos cães maiores, caso algum deles se oponha ao "bullying" que ela faz com eles. Então, a Cassie está agora banida de se esconder debaixo da mesa de café e está muito feliz passando suas noites ou em sua cama ao lado da minha cadeira, ou aconchegada na minha cadeira ao meu lado, que ela ama já que, é claro, ela recebe muito amor e carinhos dessa forma.

É claro que ela ainda precisará usar o jardim para ir ao banheiro durante o dia, mas, para garantir que não haja possibilidade de uma repetição do incidente recente, quando a deixarmos sair os outros cães ficarão limitados à casa e ela só terá permissão para compartilhar seu tempo no jardim com os cães menores, tais como o Dylan e a Penny, e é, claro, com a Sasha, como uma "galinha mãe" e ama sentar cuidando qualquer dos seus companheiros de matilha como um anjo da guarda. Não há chance de algo acontecer se a mantivermos isolada do grupo principal da matilha.

Não posso terminar a história da Cassie sem agradecer muito à Rebecca e às enfermeiras e ao pessoal da Vets for Pets em Doncaster, que cuidaram da Cassie nos últimos doze anos, e especialmente pelo amor e cuidado que tem mostrado por ela em relação aos seus últimos ferimentos.

A todos os amantes e proprietários de cães que possam ler este livro, deixe-me apenas dizer que um dos fatores mais importantes em manter cães, e em fornecer-lhes o melhor cuidado possível em todos os momentos, é ... seguro! A conta atual do tratamento do Muttley e da Cassie deve exceder os R$ 14.000. Isso não é uma mudança pequena na contabilidade de ninguém e, é claro, nós sempre mantivemos todos os nossos cães com seguro, porque como este último incidente nos provou, você simplesmente nunca sabe quando você precisará da cobertura fornecida por uma empresa de seguros para animais, respeitável. Não só a boa cobertura de seguro ajuda a diminuir o trauma e o estresse que qualquer proprietário sentirá quando eles estão se preocupando com a saúde e o bem-estar do seu animal de estimação, mas também, pode ajudar a impedir que qualquer proprietário tenha que tomar a decisão de cortar o coração de ter o seu muito amado animal de estimação sacrificado, simplesmente porque seus proprietários não acreditaram precisarem fazer um seguro para eles. Acreditem em mim quando digo que já vi demasiados donos de cães de luto que foram vítimas do que chamo de a síndrome do *"Isto nunca acontecerá comigo"*. Por algumas libras ou dólares por semana o seu cão pode ser coberto contra quase qualquer eventualidade e você pode dormir bem à noite sabendo que você não terá que enfrentar aquela decisão horrível se você não tem o dinheiro para pagar pelo tratamento veterinário do seu cão.

Então, de volta à Cassie e ao seu futuro. Por esta altura, tenho a certeza que vocês sabem não haver muito que eu e a Juliet possamos fazer para mudar a personalidade do nosso pequeno furão louco muito especial, e que certamente não queríamos. A Cassie é notável por atingir a idade de quatorze anos e ainda querer correr, brincar e curtir com outros cães, não importa o quão grandes eles possam ser, e não ter medo de nada, homem ou besta. Cabe a nós, como donos amorosos e responsáveis, garantir que ela possa fazer todas aquelas coisas enquanto estiver conosco, mas de uma forma segura e controlada, que esperamos signifique cada vez menos visitas ao veterinário para a nossa menininha no futuro.

Ela é uma cachorrinha muito especial, que amamos e estimamos muito, então eu só posso terminar dizendo que, certamente, não é o fim da História da Cassie, mas talvez melhor descrito como sendo o fim do início de uma história que tenho certeza que ainda tem muitos capítulos que podem ser adicionados por um ou dois anos, a partir de agora. Por agora, no entanto, tanto a Cassie quanto eu agradeço a você por ler a história da vida dela até aqui. Adoramos partilhar a vida dela com todos vocês.

Espero que você volte a ver-nos quando eu escrever o próximo livro da minha série de cães resgatados, mas ainda tenho de decidir qual dos nossos cães será o próximo a ser apresentado. Se você gostou da história da Cassie, por favor, tenha a gentileza de deixar uma breve crítica do livro na Amazon. Boas críticas são realmente importantes e vitais para ajudar o livro a chegar a um público maior.

Para ver os meus outros livros, incluindo o premiado Sasha e Sheba: Do Inferno à Felicidade, por favor visite o meu site no http://www.brianlporter.co.uk e para postagens regulares sobre a nossa família de cães resgatados, você pode visitar a página da Sasha no Facebook https://www.facebook.com/harry.porter.12139862

A nossa família de cães

Caro leitor,

Esperamos que você tenha gostado de ler *A História de Cassie*. Reserve um momento para deixar uma crítica, mesmo que curta. A sua opinião é importante para nós.

Atenciosamente,

Brian L. Porter e Next Chapter Team

SOBRE O AUTOR

Brian L Porter é um autor premiado e de best seller, cujos livros têm liderado regularmente as listas dos mais vendidos da Amazon. Escrevendo como Brian, ele ganhou um prêmio de Melhor Autor, e seus thrillers ganharam como Melhor Thriller e Melhor Prêmio de Mistério. O terceiro livro de sua série de Mersey Mystery, *Uma Donzela de Mersey* recentemente ganhou o prêmio de Melhor Livro que Lemos todo o Ano, de Readfree, ly.

Quando se trata de cães e resgate de cães, ele é apaixonado pelo assunto e seus dois livros de resgate de cães anteriores foram extremamente bem sucedidos. Sasha: Uma História de um Cão Muito Especial de um Epi-cão muito especial é agora um best-seller internacional premiado e Sheba: Do inferno à Felicidade também é um best-seller do Reino Unido e um vencedor de prêmio também. A História de Cassie é o terceiro livro da série e certamente haverá mais a seguir.

Escrevendo como Harry Porter seus livros infantis alcançaram três rankings de best-sellers na Amazon nos EUA e no Reino Unido.

Além disso, sua terceira encarnação como poeta romântico Juan Pablo Jalisco trouxe reconhecimento internacional com suas obras completas, *De Astecas e Conquistadores* no topo das listas de mais vendidos nos EUA, Reino Unido e Canadá.

Brian vive com sua esposa, filhos e, claro, Sasha e o resto de sua matilha maravilhosa de dez cães resgatados.

A Mersey Killing e os livros seguintes em sua série Mersey Mistery já foram selecionados para adaptação como uma série de TV, além de seus outros romances, todos os quais foram assinados pela ThunderBall Films em um negócio de franquia de filmes.

OUTROS LIVROS DO AUTOR

Série Cães Resgatados

Sasha - Uma História Muito Especial de um Ipe cão muito especial
(IPE=Insuficiência pancreática exócrina)

Sheba: Do Inferno à Felicidade

Thrillers de Brian L Porter

Um Estudo em Vermelho - O Diário Secreto de Jack, o Estripador

O Legado do Estripador

Réquiem para o Estripador

Peste

Morte Púrpura

À Portas Fechadas

Avenida dos Mortos

A Célula De Nêmesis

O Sopro da Vida

A Série de Mistério Mersey

Um assassinato no Mersey

Todos os Santos, Assassinato no Mersey

Uma Donzela do Mersey

Um Marinheiro do Mercey

Um Assassinato Muito Mersey

(Em Breve) - O Último Trem para a Rua Lime

(Em Breve) - Uma história da balsa de Mersey

Coletâneas de Contos

Depois do Armageddon

Poesia de Recordação

Para que não esqueçamos

Livros infantis como Harry Porter

Lobo

Alistair o Jacaré (ilustrado por Sharon Lewis)

Charlie a Lagarta (ilustrado por Bonnie Pelton)

Como Juan Pablo Jalisco

Dos astecas e conquistadores

A História De Cassie
ISBN: 978-4-82410-251-5

Publicado por
Next Chapter
1-60-20 Minami-Otsuka
170-0005 Toshima-Ku, Tokyo
+818035793528

1 setembro 2021

Lightning Source UK Ltd.
Milton Keynes UK
UKHW011950160921
390713UK00001B/185